BAC PRO
Tome unique

Sarah Gerez - Nadine Nunez - Alfredo Segura
Avec la participation de Malika Saidi

NOUVEAU PROGRAMME 2019

¡Buen viaje!

Tout l'ouvrage en 100 % numérique dans le i-Manuel 2.0 avec ou sans connexion

 Le i-Manuel 2.0 élève

Pour un usage individuel en classe ou à la maison :
- L'intégralité du manuel
- La possibilité de saisir les réponses
- Les ressources et les médias à disposition pour travailler
- La sauvegarde du travail
- La possibilité d'envoyer le travail au professeur

Pour le professeur :
- La vidéoprojection des pages du manuel
- L'affichage des corrections
- La correction individuelle des élèves
- La possibilité d'intégrer des documents personnels
- Le suivi du travail des élèves

 Nathan Live :
- Les audios du manuel à écouter sur son smartphone

DÉCOUVRIR LE TOME UNIQUE

Partie A1 > A2

17 doubles pages pour **apprendre ou réviser les bases de la langue** (grammaire et vocabulaire) en classe entière ou en séance dédoublée.

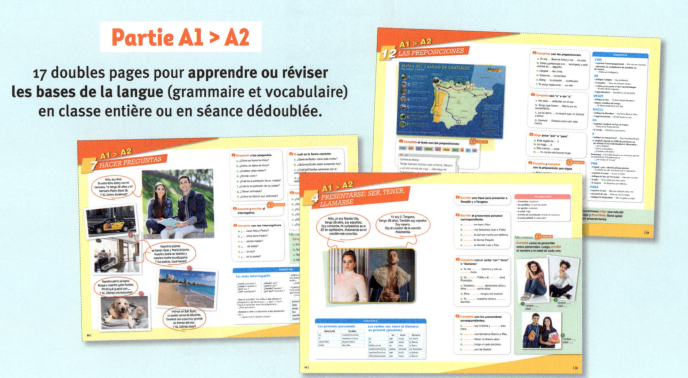

Partie A2+ > B1

Partie principale du manuel, elle se compose de 8 unités autour de thèmes actuels. Chaque unité est organisée en **activités** qui conduisent à la réalisation d'un **projet final**.

Vidéo pour découvrir le thème

Test ou **Quiz**

Pictos d'**activités langagières**

Documents (vidéos, textes, photos) et **questions**

Mini **sommaire**

Projet final

Projet final pour s'entraîner à réaliser des tâches (démarche actionnelle)

Évaluation pour se préparer à l'examen

Microtarea : tache intermédiaire pour terminer chaque activité

Vocabulaire

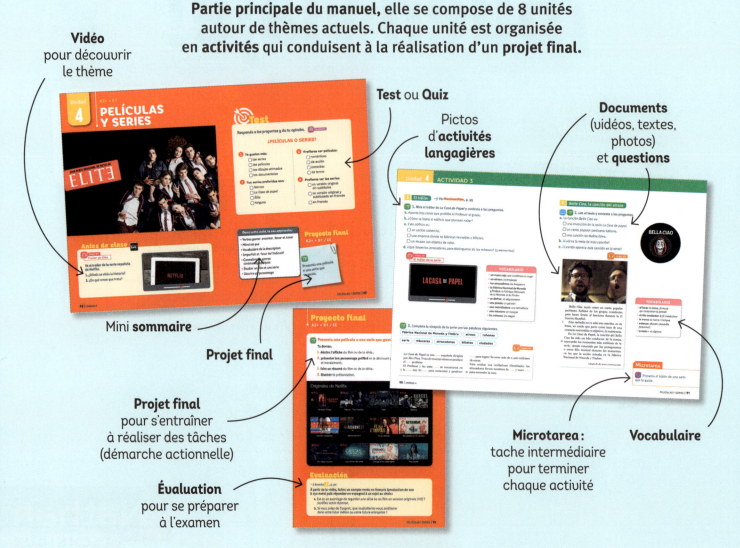

Partie B1 > B1+

5 doubles pages pour **prolonger les thématiques étudiées** pour préparer les élèves en vue d'un BTS.

Cette partie se terminent par 2 évaluations pour **s'entraîner à l'examen** : épreuve écrite commune et épreuve orale individuelle.

Grâce à l'appli Nathan Live*, accéder au fil des pages aux audios et vidéos !

Comment faire ?

1. Téléchargez l'application gratuite Nathan Live disponible dans tous les stores sur votre smartphone ou tablette (Appstore, GooglePlay).

2. Ouvrez l'application. Flashez les pages de votre manuel où le logo apparaît. Visionnez ou écoutez les ressources !

* L'application nécessite une connexion Internet.

SOMMAIRE

Partie A1 > A2

1. El alfabeto / La acentuación 8
2. Los números 10
3. Los horarios 12
4. Presentarse: ser, tener, llamarse 14
5. Tú/Usted 16
6. Los posesivos y los artículos 18
7. Hacer preguntas 20
8. Los verbos regulares 22
9. Los verbos irregulares 24
10. Gustar y otros verbos 26
11. La negación 28
12. Las preposiciones 30
13. Las comparaciones y los superlativos 32
14. Los relativos "que", "quien", "cual" 34
15. Los indefinidos "algo", "alguien", "alguno/a" 36
16. El diptongo 38
17. El pretérito perfecto / Soler 40

Partie A2+ > B1

Unidad 1 — BIOGRAFÍAS

Antes de clase
- ¿Conoces bien a tu familia? p. 42
- Test ¿Quién eres tú? p. 43

ACTIVIDAD 1
Hablar de famosos p. 44
- Biografías de famosos p. 44
- Gramática p. 44
- Utilizar datos p. 45

ACTIVIDAD 2
Conocer los datos personales p. 46
- Shakira p. 46
- Su biografía p. 47
- Malú p. 48
- Juegos de rol p. 49
- Microtarea p. 50

Proyecto final: Redacta la biografía de un personaje o de una persona famoso/a. p. 51
Evaluación p. 51
Cultura: Dani Martín, un cantante español p. 52

Unidad 2 — TRABAJOS

Antes de clase
- ¿Cómo será el trabajo del futuro? p. 54
- Test ¿Cómo imaginas tu trabajo? p. 55

ACTIVIDAD 1
Buscar un trabajo de verano p. 56
- Trabajos de verano p. 56
- Gramática p. 57
- Oferta de trabajo p. 57

ACTIVIDAD 2
Trabajar en el extranjero p. 58
- Trabajos de verano p. 58

ACTIVIDAD 3
Redactar un CV p. 60
- La redacción de un CV p. 60
- La grabación de un videocurrículum p. 61

ACTIVIDAD 4
Preparar una entrevista p. 62
- Los errores más comunes en una entrevista p. 62
- Microtarea p. 62

Proyecto final: Crea tu videocurrículum para enviarlo a una agencia de trabajo. p. 63
Evaluación p. 63
Cultura: Trabajar un verano en España p. 64

4

Unidad 3
MÓVIL Y REDES SOCIALES

Antes de clase
- Los peligros de las redes sociales p. 66
- Test ¿Eres adicto/a a las redes sociales? p. 67

ACTIVIDAD 1 Conocer el lenguaje SMS p. 68
- ¿Una nueva ortografía? p. 68
- Alba habla con su amiga por SMS p. 69
- Microtarea p. 69

ACTIVIDAD 2 Estar enganchados al móvil p. 70
- ¿Cómo usas el móvil? p. 70
- Gramática p. 71
- El informe de móviles en España y el mundo p. 71
- Adicta al móvil: Marta, 16 años p. 72
- Microtarea p. 73

ACTIVIDAD 3 Las redes sociales, ¿buenas o malas? p. 74
- El peligro de las redes sociales p. 74
- Ventajas e inconvenientes de las redes sociales p. 75
- Gramática p. 75

ACTIVIDAD 4 Un mundo de Apps p. 76
- Las Apps más famosas p. 76
- Algunas Apps españolas p. 76

ACTIVIDAD 5 Telefonía móvil del futuro p. 78
- Entrevista a la directora de Wiko p. 78

Proyecto final: A partir de la infografía, debatid sobre el uso de las redes sociales en España. p. 79
Evaluación p. 79
Cultura: Los museos mas populares en Instagram y en Twitter 80

Unidad 4
PELÍCULAS Y SERIES

Antes de clase
- Tráiler de Élite p. 82
- Test ¿Películas o series? p. 83

ACTIVIDAD 1 Conocer los géneros cinematográficos p. 84
- Diferentes géneros de películas p. 84
- Microtarea p. 85

ACTIVIDAD 2 Analizar una película p. 86
- El cartel de Un monstruo viene a verme p. 86
- Sinopsis de la película p. 87
- Gramática p. 87
- Microtarea p. 87

ACTIVIDAD 3 Descubrir una serie p. 88
- El cartel de La Casa de Papel p. 88
- El tráiler p. 89
- Los personajes p. 90
- Bella Ciao, la canción del atraco p. 91

ACTIVIDAD 4 Retratar a Pablo Escobar en una serie p. 92
- Narcos, una serie sobre Pablo Escobar p. 92
- La historia de Pablo Escobar p. 93
- Gramática p. 93
- Microtarea p. 93

ACTIVIDAD 5 Un éxito en Netflix p. 94
- La Casa de las Flores, una serie mejicana p. 94

Proyecto final: Presenta una película o una serie que te gusta. p. 95
Evaluación p. 95
Cultura: Una película con dos premios Goya: Palmeras en la nieve p. 96

Unidad 5
CÓDIGO DE TRÁFICO

Antes de clase
- La velocidad de Europa p. 98
- Quiz ¿Qué sabes del código de tráfico? p. 99

ACTIVIDAD 1: Descubrir las señales de tráfico p. 100
- El tráfico p. 100
- Microtarea p. 101

ACTIVIDAD 2: Respetar las normas de seguridad p. 102
- Consejos para una conducción segura p. 102
- Piqué: las consecuencias de conducir sin carnet p. 103
- Becas para obtener el carnet de conducir p. 103
- "Abróchate a la vida" p. 104
- Gramática p. 104

Proyecto final: Realiza un cartel de prevención. p. 105
Evaluación p. 105
Cultura: Un mundo sin coches p. 106

| 5

SOMMAIRE

Unidad 6 — CONTRA EL ACOSO ESCOLAR

Antes de clase
- 🎥 Campaña contra el acoso escolar, UNICEF p. 108
- **Quiz** ¿Qué sabes del acoso escolar? p. 109

ACTIVIDAD 1
Detectar el acoso escolar p. 110
- ¿Qué es el "bullying"? p. 110
- Luchar contra el acoso escolar 🎧 p. 110
- Microtarea p. 111

ACTIVIDAD 2
Llamar a la solidaridad p. 112
- Día internacional contra el acoso escolar 🎧 p. 112
- "Se buscan héroes y heroínas sin antifaz" p. 113
- Gramática p. 113
- Microtarea p. 113
- Un ejemplo de solidaridad 🎥 🎧 p. 114

Proyecto final: Creamos un vídeo para luchar contra el acoso. 🎥 p. 115
Evaluación p. 115
Cultura: El arte para luchar contra el acoso escolar. 🎥 p. 116

Unidad 7 — GITANOS

Antes de clase
- 🎥 El tatuaje que más duele p. 118
- **Quiz** ¿Qué sabes del pueblo gitano? p. 119

ACTIVIDAD 1
Descubrir el pueblo gitano y su historia p. 120
- El pueblo gitano 🎧 p. 120
- Bailando flamenco 🎥 p. 121

ACTIVIDAD 2
Gitanos contra la discriminación p. 122
- Niños gitanos contra la RAE 🎥 🎧 p. 122
- Denunciando prejuicios 🎧 p. 123

ACTIVIDAD 3
Somos gitanos, somos flamenco p. 124
- El Flamenco, Patrimonio de la Humanidad 🎧 p. 124
- Microtarea p. 124

Proyecto final: Imagina un texto a partir de la historia de Samara para terminar con los prejuicios 🎥 p. 125
Evaluación p. 125
Cultura: El Sacromonte en Granada 🎧 p. 126

Unidad 8 — SABORES DE ESPAÑA

Antes de clase
- 🎥 Historia de la tapa p. 128
- **Quiz** ¿Cuánto sabes de gastronomía española? p. 129

ACTIVIDAD 1
Conocer la comida tradicional p. 130
- Los platos típicos de las comunidades españolas 🎧 p. 130
- Las tapas 🎧 p. 132
- El rey de la gastronomía madrileña 🎧 p. 133

ACTIVIDAD 2
Elegir la capital gastronómica del año p. 134
- Almería, ciudad gastronómica 2019 🎧 p. 134
- Microtarea p. 134

Proyecto final: En parejas, trabajáis en una empresa española. p. 135
Cultura: Costumbres a la hora de consumir tapas p. 136

Partie B1 > B1+

1. **TURISMO** Pipper, el primer perro turista e influencer del mundo 🎧 **138**

2. **DEPORTE** Los deportes más populares en España 🎧 📹 **140**

3. **TRABAJO** La FP Dual: trabaja y estudia a la vez 🎧 📹 **142**

4. **COCINA** El Basque Culinary: el primer centro tecnológico de gastronomía 🎧 📹 **144**

5. **MÚSICA** *El mal querer*, la obra maestra de Rosalía 🎧 📹 **146**

ÉVALUATION 1

SOUS-ÉPREUVE Nº 1 : épreuve commune écrite **148**

Compréhension orale **Vídeo** 📹 Antonio, panadero en Obrador San Francisco **148**

Expression écrite **148**

SOUS-ÉPREUVE Nº 2 : épreuve orale individuelle **148**

Expression orale en continu **Infografía** Límites de velocidad **148**

Expression orale en interaction **149**

Compréhension écrite **Texto** ¿Qué tipo de facebookero eres? **149**

ÉVALUATION 2

SOUS-ÉPREUVE Nº 1 : épreuve commune écrite **150**

Compréhension orale **Vídeo** 📹 La influencia de las redes sociales **150**

Expression écrite **150**

SOUS-ÉPREUVE Nº 2 : épreuve orale individuelle **150**

Expression orale en continu **Cartel** Día internacional del pueblo gitano **150**

Expression orale en interaction **151**

Compréhension écrite **Texto** *La Voz*, el programa que más gusta a los jóvenes **151**

MEMENTO GRAMMATICAL **152**

CONJUGAISONS **170**

CARTES **174**

Comunidades autónomas de España **174**

Relieve de España **174**

América Latina **175**

A1 > A2
1 EL ALFABETO
LA ACENTUACIÓN

EL ALFABETO ESPAÑOL

a	b	c	ch	d	e	f
(a)	(be)	(ce)	(che)	(de)	(e)	(efe)

g	h	i	j	k	l	ll	m
(ge)	(hache)	(i)	(jota)	(ka)	(ele)	(elle)	(eme)

n	ñ	o	p	q	r	s
(ene)	(eñe)	(o)	(pe)	(cu)	(erre)	(ese)

t	u	v	w	x	y	z
(te)	(u)	(uve)	(uve doble)	(equis)	(i griega)	(zeta)

GRAMÁTICA

L'alphabet

L'alphabet espagnol ressemble à l'alphabet français. Il ne possède pas de ç.

Les mots représentés en français par « gn » s'écrivent en espagnol avec ñ.

L'orthographe espagnole correspond à la prononciation : toutes les lettres se prononcent.

Attention : Le *ll* et le *ch* ne sont plus considerés comme lettres, par contre ils ont un son qui leur est propre.

1 **Escucha** los nombres y **apunta**.

2 Estos son los nombres más populares en España. **Deletrea** un nombre y tus compañeros **adivinan** de quién hablas.

3 Cada uno **deletrea** su nombre. Luego, **se hace** una nube de palabras con los nombres de todos con www.nubedepalabras.es.

4 Por parejas, uno **deletrea** una ciudad y el otro la **escribe**.

- a. Alicante
- b. Barcelona
- c. Cantabria
- d. Denia
- e. Formentera
- f. Granada
- g. Huelva
- h. Ibiza
- i. Jaén
- j. Lugo
- k. Madrid
- l. Navarra
- m. Oviedo
- n. Sevilla
- o. Toledo
- p. Valencia

GRAMÁTICA

L'accentuation

La **syllabe tonique** est la syllabe d'un mot qui est prononcé plus intensément.
La place de l'accent tonique dans un mot suit certaines règles :

• Les mots terminés par **une voyelle ou par les consonnes** n ou s portent généralement l'accent tonique sur l'avant dernière syllabe :
→ casa   → perro

• Les mots terminés par **une consonne autre que** n ou s portent généralement l'accent tonique sur la dernière syllabe.
→ feliz   → examen

• Les mots qui ne suivent pas ces règles portent un accent graphique.
→ móvil   → constitución   → baúl

5 **Escucha** estas palabras y **subraya** la sílaba tónica.

- a. revista
- b. bolígrafo
- c. cartón
- d. estuches
- e. administración
- f. reloj

6 **Escribe** las tildes cuando es necesario.

- a. libro
- b. movil
- c. feliz
- d. felicidad
- e. cafe
- f. salud
- g. boligrafo

Microtarea

Un compañero **escribe** una palabra en la pizarra y los demás **dicen** si lleva tilde.

A1 > A2
2 LOS NÚMEROS

0 cero	5 cinco	
1 uno	6 seis	
2 dos	7 siete	
3 tres	8 ocho	
4 cuatro	9 nueve	

10 diez	20 veinte	30 treinta
11 once	21 veintiuno	31 treinta y uno
12 doce	22 veintidós	32 treinta y dos
13 trece	23 veintitrés	33 treinta y tres
14 catorce	24 veinticuatro	34 treinta y cuatro
15 quince	25 veinticinco	35 treinta y cinco
16 dieciséis	26 veintiséis	36 treinta y seis
17 diecisiete	27 veintisiete	37 treinta y siete
18 dieciocho	28 veintiocho	38 treinta y ocho
19 diecinueve	29 veintinueve	39 treinta y nueve
		40 cuarenta
		41 cuarenta y uno
		... .
		99 noventa y nueve

¡ATENCIÓN!
21 = veintiuno
31 = treinta **y** uno ...
99 = noventa **y** nueve

50 cincuenta	60 sesenta	70 setenta	80 ochenta	90 noventa

100 cien	1.000 mil
101 ciento uno	2.000 dos mil
... ...	...
200 doscientos	10.000 diez mil
300 trescientos	100.000 cien mil
400 cuatrocientos	1.000.000 un millón
500 quinientos	2.000.000 dos millones
600 seiscientos	
700 setecientos	
800 ochocientos	
900 novecientos	

EL NÚMERO 1

El número uno (en todas sus formas: 1, 21, 31, 41...) cambia si está delante de un sustantivo masculino o femenino:

- ¿Qué menú quiere?
- El menú **uno** con **un** helado y **una** bebida.
- El menú **dos** con **dos** helados y **dos** bebidas.

 - El menú **veintiuno** con **veintiún** helados y **treinta y una** bebidas.

... y LOS CIENTOS (200, 300, 400...)
Doscient**os** niños / Doscient**as** niñas

0,30 € treinta céntimos	1 € un euro
0,30 $ treinta centavos	2 € dos euros
1,30 € Uno con treinta	3 $ tres dólares

1 **Escucha** y **completa** cada frase con el número de la calle.

a. Vivo en la calle Barajas en el número ... .

b. Pepa, mi amiga, vive en el número ... de la calle del Bosque.

c. En la Plaza Mayor, en el número ... hay un restaurante.

d. El Cortes Inglés está en la avenida del Cid, número ... .

e. ¿Y tú, en qué calle vives? ¿Cuál es tu número? Mi número es ... .

2 **Relaciona** cada número con su escritura.

a. 7 • • doce
b. 2 • • diez
c. 12 • • treinta y uno
d. 10 • • dos
e. 31 • • siete

Microtarea

Inventa una dirección y dila en voz alta.

3 **Escribe** en letras los números de estas placas de la calle Serrano, la calle más lujosa de Madrid.

18   54   112   27   4

4 **Escucha** los números de teléfono y **apúntalos**.

a. ...   c. ...
b. ...   d. ...

3 A1 > A2
LOS HORARIOS

Los alimentos que se ingieren y el nivel de formalidad en las comidas varían según la hora del día.

GRAMÁTICA	VOCABULARIO
La hora	**Las comidas**
• Pour demander l'heure on dit : ¿Qué hora es?	• **El desayuno:** *le déjeuner*
• Pour donner l'heure, on emploie le verbe *ser* :	• **El almuerzo:** *pause café vers 11 h*
→ *es la una.* (3e pers. du singulier)	• **La comida:** *le repas de midi*
→ *son las tres.* (3e pers. du pluriel)	• **La cena:** *le repas du soir*

1 Escribe las horas de cada comida.

a. Son las ..... de la mañana, desayuno.
b. Son las ..... de la tarde, es la comida.
c. Son las ....., descanso en el trabajo.
d. Son las ....., son momentos de ocio.
e. Son las ....., tomo un aperitivo.
f. Son las ....., ceno.

2 ¿Qué hace Pablo el domingo? Completa las frases.

a. Pablo toma el ..... a las ..... de la ..... (9:00)
b. Toma el almuerzo a las ..... de la ..... (12:00)
c. Toma la comida a las ..... de ..... (15:00)
d. Toma la ..... a las..... de la ..... (19:00)
e. Toma la cena a las ..... de la ..... (22:00)

3 Escribe la hora en letras.

a. 10:30   d. 3:45
b. 22:40   e. 9:15
c. 1:50   f. 8:20

4 Escribe en números las horas.

a. Son las ocho y cinco minutos de la noche.
b. Son las nueve menos cinco de la mañana.
c. Es la una de la tarde.
d. Son las cinco menos veinticinco de la tarde.

5 Relaciona las comidas con su horario. Luego, escribe las horas en letras.

comida   •   • 14:30
merienda •   • 17:00
cena   •   • 22:00
almuerzo •   • 11:00
desayuno •   • 7:00

Microtarea

Di a qué hora sueles desayunar, almorzar, cenar…

| 13

4 A1 > A2 PRESENTARSE: SER, TENER, LLAMARSE

Hola, yo soy Rosalía Vila, tengo 26 años, soy española. Soy cantante. Mi cumpleaños es el 25 de septiembre. *Malamente* es mi canción más conocida.

Yo soy C. Tangana, tengo 28 años. También soy español. Soy rapero. Soy el coautor de la canción *Malamente*.

GRAMÁTICA

Les pronoms personnels

SINGULIER	PLURIEL
yo	nosotros/nosotras
tú	vosotros/vosotras
usted (Ud.)	ustedes (Uds.)
él/ella	ellos/ellas

Les verbes *ser*, *tener* et *llamarse* au présent *(presente)*

	ser	tener	llamarse
yo	**soy**	tengo	me llamo
tú	**eres**	tienes	te llamas
él/ella/usted	**es**	tiene	se llama
nosotros/nosotras	**somos**	tenemos	nos llamamos
vosotros/vosotras	**sois**	tenéis	os llamáis
ellos/ellas/ustedes	**son**	tienen	se llaman

1 **Escribe** una frase para presentar a Rosalía y a Tangana.

2 **Escribe** el pronombre personal correspondiente.

a. ………… me llamo Pilar.

b. ………… nos llamamos Juan y Pablo.

c. ………… se llaman mucho por teléfono.

d. ………… te llamas Paquito.

e. ………… os llamáis Luis y Fran.

3 **Completa** con el verbo "ser", "tener" o "llamarse".

a. Yo me ………… Carmina y ella se ………… Anita.

b. Yo ………… Pablo y él ………… José Francisco.

c. Nosotros ………… diecinueve años y ellos ………… veinte años.

d. Ellos ………… amigos del instituto.

e. Tú ………… cuarenta años y ………… español.

4 **Completa** con los pronombres correspondientes.

a. ………… soy morena y ………… eres rubia.

b. ………… nos llamamos Blanca y Rita.

c. ………… tienen la misma edad.

d. ………… tengo un gato precioso.

e. ………… son de Madrid.

VOCABULARIO

- **el nombre:** *le prénom*
- **los apellidos:** *le nom de famille*
- **un apodo:** *le surnom*
- **la edad:** *l'âge*
- **la fecha de nacimiento:** *la date de naissance*
- **la nacionalidad:** *la nationalité*

Microtarea

Escucha como se presentan estos personajes. Luego, **escribe** el nombre y la edad de cada uno.

1 nombre: …..
edad: …..

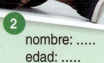

2 nombre: …..
edad: …..

3 nombre: …..
edad: …..

5 A1 > A2
TÚ / USTED

¿Y en España? ¿Tú o usted? Esa es la cuestión

En España **utilizamos TÚ**: con familiares, amigos, niños y jóvenes; en la universidad entre estudiantes; en la empresa entre compañeros. También en tiendas y bares donde compras o vas frecuentemente.

Utilizamos USTED: con personas mayores; con una autoridad (oficinas del Gobierno, bancos, policía…), en hospitales y con médicos. También entre empresas en el primer contacto.

1 A partir del texto, completa la tabla.

¿Con quién se utiliza TÚ?	¿Con quién se utiliza USTED?

2 ¿Es igual en Francia? **Completa** las frases para decir con quién y dónde.

a. En Francia, se utiliza "tú" con…

b. En Francia, se utiliza "tú" en…

 Audio 07

3 **Escucha** estas frases y **di** si oyes "tú" o "usted".

4 **Transforma** las frases utilizando "usted".

a. Tú te llamas María, eres paraguaya y tienes cinco hijos.

b. Tú eres farmacéutico, tienes una farmacia y no tienes hijos.

5 **Transforma** las frases utilizando "ustedes".

a. ¿Usted canta esta noche?

b. ¿Quiere usted un café?

c. Usted quiere dos entradas para el cine.

d. Usted tiene 50 años.

GRAMÁTICA

Le vouvoiement

• **Pour vouvoyer une personne**, on utilise *usted*, conjugué à la troisième personne du singulier.
→ *¿Cómo se llama usted?*

• **Pour vouvoyer plusieurs personnes**, on utilise *ustedes* suivi d'un verbe conjugué à la troisième personne du pluriel.
→ *¿Cómo se llaman ustedes?*

Microtarea

Di si utilizas "tú" o "usted" en estas situaciones. Luego, en grupos, cada uno **representa** una de esas situaciones.

1 En clase, un profesor y sus alumnos

2 En una charcutería, un dependiente con un cliente

3 En Correos, una cliente con el cartero.

4 En una empresa, una joven a un hombre mayor.

6 A1 > A2 LOS POSESIVOS

Tipos de familia en España

1 **Asocia** cada dibujo con su título.

a. familia monoparental   b. familia numerosa   c. pareja sin hijos

d. pareja con un hijo   e. familia numerosa y abuelos   f. familia con personas mayores

VOCABULARIO

- **un hijo/a:** *un fils/une fille*
- **un niño/a:** *un garçon/une fille*
- **hijo/a único/a:** *fils/fille unique*
- **gemelos:** *jumeaux*
- **mellizos:** *faux jumeaux*
- **padre:** *père*
- **madre:** *mère*
- **hermano/a:** *frère/sœur*
- **abuelos:** *grands-parents*
- **tío/ tía:** *oncle/tante*
- **primo/a:** *cousin/cousine*
- **sobrino/a:** *neveu/ nièce*
- **nieto/nieta:** *petit-fils/petite fille*
- **suegro/suegra:** *beau-père/belle-mère*
- **hermanastro/a:** *demi-frère/demi-sœur*
- **marido/mujer:** *mari/femme*
- **pareja mixta:** *couple mixte (couple de 2 nationalités différentes)*
- **pareja de hecho:** *couple pacsé*
- **segundas parejas:** *couple qui se forme après un divorce*
- **ancianos:** *couple de plus de 65 ans*

2 Completa con *el*, *la*, *los*, *las*.

a. ... hija se llama Paula.
b. ... hijas se llaman María y Paula.
c. ... abuelos de Marta son Pedro y Flora.
d. ... padre se llama francisco.

3 Escribe estos nombres en plural.

a. Mi abuelo
b. Nuestro padre
c. Vuestro sobrino
d. Su familia
e. Vuestra prima
f. Tu pareja

4 Completa las frases.

a. La madre de mi madre es ...
b. El padre de mi padre es ...
c. El hijo de mi tía es ...
d. El primo de mi hermano es ...
e. El hermano de mi madre es ...
f. Los padres de mis padres son ...

5 Sustituye la palabra subrayada por un posesivo, como en el ejemplo.

Ejemplo : Son los hijos de María.
→ Son **sus** hijos.

a. Es la familia de usted.
b. Esta chica es la hija de Mario.
c. Son los primos de Juan.
d. Son mis abuelos.
e. Es tu hija.
f. Es el padre de mi hermano y también el mío.

GRAMÁTICA

Les pronoms possessifs

possesseur	AVANT LE NOM		APRÈS LE NOM	
	masculin	féminin	masculin	féminin
1re pers. sing.	mi(s)	mi(s)	mío(s)	mía(s)
2e pers. sing.	tu (s)	tu(s)	tuyo(s)	tuya(s)
3e pers. sing.	su (s)	su(s)	suyo(s)	suya(s)
1re pers. plur.	nuestro(s)	nuestra(s)	nuestro(s)	nuestra(s)
2e pers. plur.	vuestro(s)	vuestra(s)	vuestro(s)	vuestra(s)
3e pers. plur.	su (s)	su(s)	suyo(s)	suya(s)

• Pour insister, on peut placer l'adjectif **après le nom** :
→ *Son cosas tuyas.*
• **Attention** : *su* peut désigner : « son, sa, votre ou leur » ;
Et *sus* : « ses, vos ou leurs ».
→ *Ésta es su casa.* C'est votre maison.
→ *María me da su libro.* Marie me donne son livre.

Les articles définis et indéfinis

Articles définis	Articles indéfinis
el/la	un/una
los/las	unos/unas

La/Una señora   El/Un señor
Los/Unos señores   Las/Unas señoras

Attention : le pluriel unos/unas ne s'emploie pas souvent. L'article indéfini pluriel est souvent supprimé.

Microtarea

Escucha y **completa** el árbol genealógico:

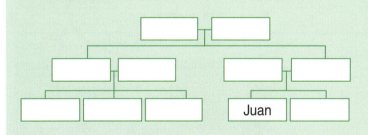

7 A1 > A2 HACER PREGUNTAS

"Hola, soy Ana: En esta foto estoy con mi hermano. Yo tengo 16 años y mi hermano Pedro tiene 18. Y tú, ¿cómo te llamas?"

"Nuestros padres se llaman Juan y María Antonia. Nuestro padre es taxista y nuestra madre es peluquera. Y tus padres, ¿qué hacen?"

"Nuestro perro se llama Roque y nuestro gato Matías. Mirad qué guapos son…. Y tú, ¿tienes una mascota?"

"Vivimos en San Juan, un pueblo cerca de Alicante. Tenemos una casa muy grande en frente del mar. Y tú, ¿dónde vives?"

1 Responde a las preguntas.

a. ¿Cómo se llama la chica?
b. ¿Cómo se llama el chico?
c. ¿Cuántos años tienen?
d. ¿Dónde viven?
e. ¿Cuál es la profesión de su madre?
f. ¿Cuál es la profesión de su padre?
g. ¿Tienen animales?
h. ¿Cómo se llaman sus animales?

2 Escucha y escribe el interrogativo. Audio 09

3 Completa con los interrogativos.

a. ¿ … viven Ana y Pedro?
b. ¿ … años tiene Pedro?
c. ¿ … perros tienen?
d. ¿ … tal estás?
e. ¿ … te vas?
f. ¿ … es tu padre?

4 Di cuál es la forma correcta.

a. ¿Quiénes/Quién viene esta noche?
b. ¿Quiénes/Quién están presentes hoy?
c. ¿Cuánta/Cúantas personas van al concierto?
d. ¿Cuántos/Cuánto extranjeros hablan español?

5 Relaciona la pregunta con la respuesta:

a. ¿Cómo te llamas?   •   • Soy española.
b. ¿Quién eres?   •   • Estoy en San Juan.
c. ¿Cuál es tu nacionalidad? •   • Tengo 16 años.
d. ¿Cuántos años tienes? •   • Soy una chica.
e. ¿Dónde estás?   •   • Estoy bien, gracias.
f. ¿Cómo estás?   •   • Me llamo Ana.

Microtarea

Completa con las preguntas adecuadas.

a. Vivo en Madrid.
b. Tengo tres hermanos.
c. Tengo 7 años.
d. Me llamo Fabricio.

GRAMÁTICA

Les mots interrogatifs

¿cómo?: comment ?
¿cuánto?: combien ?
¿qué?: que ?
¿cuál?: quel/quelle?

¿dónde?: où ?
¿quién?: qui ?
¿cuándo?: quand ?
¿por qué?: pourquoi ?

- **Qué** est invariable. Il se réfère à **des choses** et correspond à « qu'est-ce que » ; « que » « quoi ». Il peut se construire avec des prépositions :
  → ¿Para qué vienes?

- **Quién/es** se réfère uniquement à **des personnes** : « qui ».
  → ¿Quién viene? ¿Quiénes vienen?

- **Cuál/es** se réfère à **une chose** ou à **une personne** avec lesquelles il s'accorde en nombre : « quel/quelle ».
  → ¿Cuál es tu comida? ¿Cuáles son tus comidas?

- **Cuánto/a/s** sert à interroger sur **une quantité**. Il s'accorde en genre et en nombre avec le nom qu'il accompagne.
  → ¿Cuántos países conoces? ¿Cuánto vale?

personne	quién/quiénes cuál/cuáles
objet	qué, cuál/cuáles
temps	cuándo
lieu	dónde
quantité	cuánto/a cuántos/cuántas
manière	cómo

| 21

8 A1 > A2 LOS VERBOS REGULARES

Audio 10

Hola, soy Paulina, soy de Granada, tengo 20 años. Vivo en Salamanca, comparto piso con Pedro, Julián, Miguel, Fernando y Adriana. Estudio la carrera de enfermera. Hasta luego.

Hola soy Pedro, soy valenciano, tengo 21 años, tengo un perro que se llama Bob. Estudio Diseño gráfico en la Universidad de Salamanca.

Hola, soy Adriana. Tengo 20 años. Soy madrileña y estudio en una escuela de Teatro.

Hola, soy Miguel, tengo 22 años. Soy de Málaga. No estudio. Trabajo en un supermercado y me gusta vivir con estudiantes de mi edad.

Hola, soy Julián, por las mañanas estudio informática y por la tarde trabajo en la cafetería de la Universidad. No soporto los perros.

Hola, soy Fernando. Soy de Sevilla, tengo 23 años. Trabajo el fin de semana en una tienda de ropa. Entre semana, estudio marketing.

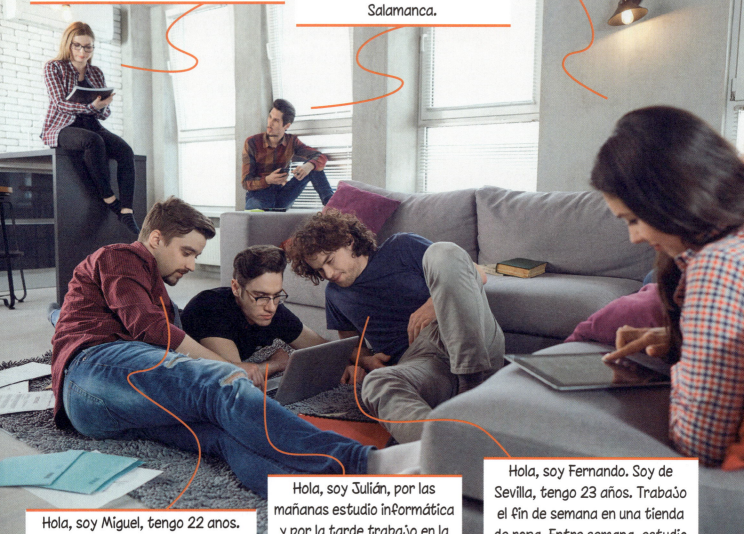

1 Contesta a las preguntas.

a. ¿Cómo se llaman?
b. ¿Qué carreras estudian?
c. ¿Quién de ellos trabaja?

2 Conjuga el verbo entre paréntesis.

a. Yo ... (tomar) un café con mis amigas.
b. Tú ... (estudiar) Derecho.
c. Él ... (hablar) mucho.
d. Ella ... (trabajar) en una tienda de ropa.
e. Nosotros ... (vivir) en Madrid.
f. Nosotras ... (comer) juntas todos los miércoles.
g. Vosotros ... (salir) por la noche.
h. Vosotras ... (comer) en un restaurante.
i. Ellos ... (bailar) en la discoteca.
j. Ellas ... (escuchar) la radio.

VOCABULARIO

- **compartir:** *partager*
- **piso:** *appartement*
- **la carrera:** *la carrière, les études*
- **el fin de semana:** *le week-end*
- **todas las semanas:** *toutes les semaines*

GRAMÁTICA

Les verbes réguliers

En espagnol, il y a **trois groupes de verbes réguliers**.
Les terminaisons sont :
- 1er groupe -*ar*
  → o ; as ; a ; amos ; áis an
- 2e groupe -*er*
  → o ; es ; e ; emos ; éis ; en
- 3e groupe -*ir*
  → o ; es ; e ; imos ; ís ; en

Audio 11

3 Escucha los mensajes de los que quieren compartir piso con los estudiantes. Completa las frases.

a. Hola, soy Ana. Soy estudiante en Comercio. ... en Sevilla. ... 25 años.
b. Hola, ... Reme y Anita, por la mañana ... y por la tarde ... en un bar.
c. Hola soy Paqui, ... como enfermera y ... un perro.
d. Hola ... Jesús, soy mecánico y ... en el barrio donde está vuestro piso.

Microtarea

Cada uno **contesta** a las preguntas del ejercicio 4. Luego, **decidimos** con quién podemos y con quién no podemos compartir piso.

4 Relaciona las respuestas con las preguntas.

a. ¿Te levantas pronto?   •   • No tengo animales.
b. ¿Estudias mucho?   •   • Estudio y no trabajo.
c. ¿Tienes animales?   •   • Viajo a muchos países.
d. ¿Trabajas y estudias?   •   • Invito a todos mis amigos el fin de semana.
e. ¿Viajas mucho?   •   • Limpio una vez a la semana.
f. ¿Invitas a amigos?   •   • Estudio dos horas todos los días.
g. ¿Limpias tu habitación?   •   • Me levanto a las 8.

| 23

9 A1 > A2 LOS VERBOS IRREGULARES

¡Hola Carla! ¿Qué tal? Tengo cita esta noche con Carmen. Salgo con ella al cine. Estoy muy contento pero... ¿qué me pongo? No tengo ropa bonita.

¡Hola Diego! Muy bien, me alegro mucho... No pasa nada, te conozco y sé que siempre vas muy guapo.

GRAMÁTICA

Les verbes irréguliers

• La consonne -g- s'ajoute à la 1re personne de certains verbes :
hacer: hago   **poner:** pongo
salir: salgo   **valer:** valgo

• Parfois il faut ajouter -ig- :
traer: traigo   **caer:** caigo
atraer: atraigo   **distraer:** distraigo

• Une consonne -z- s'ajoute à la 1re personne des verbes qui finissent par -ecer, -ucir, acer, ocer :

parecer: parezco   **agradecer:** agradezco
conocer: conozco   **conducir:** conduzco
introducir: introduzco **traducir:** traduzco
producir: produzco   **conocer:** conozco
reconocer: reconozco   **deducir:** deduzco
complacer: complazco

• D'autres verbes irréguliers :
estar: estoy **haber:** he **ir:** voy **ser:** soy
ver: veo **dar:** doy **saber:** sé

1 **Escribe** el infinitivo de los verbos del diálogo.

2 **Completa** las frases en presente de indicativo.

Diego: Esta noche (*ver*) a ver a Carmen. (*Estar*) muy contento. Esta noche (*ponerse*) un vaquero y una chaqueta.

Carmen: ¡Qué alegría! Esta noche (*salir*) con Diego. No lo (*conocer*) muy bien, pero (*saber*) que es una persona muy agradable.

3 **Escribe** los verbos a la primera persona.

a. Salimos esta noche a bailar.
b. Tienes unos zapatos muy bonitos.
c. Sabes vestirte muy bien.
d. Dan un concierto muy bueno esta noche.
e. Conoces a Carmen.

Audio 13

4 **Completa** las frases con los verbos que oyes.

a. .... muy bien que me quiere Diego.
b. .... un paraguas para la lluvia.
c. .... para ver a Carmen.
d. .... mi chaqueta azul para salir esta noche.
e. .... el amigo de Carlos, me llamo Diego.

Microtarea

Ayuda Diego a vestirse para la noche. **Redacta** una frase para describir su ropa.

Y tú, ¿Qué te pones para salir con tus amigos?

10 A1 > A2 GUSTAR Y OTROS VERBOS

Viñetas de *Teresa Perales Cómics*, de Agustina Guerrero, Fundacion Telefónica, 2016. Teresa Perales (Zaragoza, 1975) es una nadadora española que ha ganado muchas medallas en los Juegos Paralímpicos.

GRAMÁTICA

Le verbe gustar

Certains verbes qui servent à exprimer un sentiment comme *gustar* ont une construction particulière :

A mí	me	gusta + *sujet au singulier*
A ti	te	
A él / ella / usted	le	gusta + *infinitif*
A nosotros / nosotras	nos	
A vosotros / vosotras	os	gustan + *sujet au pluriel*
A ellos / ellas / ustedes	les	

Le verbe est toujours à la **troisième personne du singulier ou du pluriel**. Il s'accorde avec le nom, placé après lui.
→ Me **gustan** los zapatos rojos. → Le **gusta** el deporte.

- **Pour insister**, on utilise les pronoms personnels et la préposition *a*: → A mí me gusta.
- **Suivi d'un infinitif**, *gustar* est toujours conjugué à la troisième personne. → Nos gusta comer.

Verbes qui se construisent comme *gustar* :

parecer (sembler)
molestar (gêner)
interesar (intéresser)
extrañar (étonner)
encantar (adorer)
doler (avoir mal)
apetecer (avoir envie)
costar trabajo (avoir du mal à)
dar miedo (avoir peur)

1 Contesta a las preguntas.

a. ¿Quién es Teresa Perales?

b. ¿Qué le gusta?

2 Completa las frases con "gusta" o "gustan".

a. Me ... la moda.

b. Le ... leer.

c. Te ... los museos.

d. Les ... salir por la noche.

e. Me ... los caramelos.

f. Te ... pasear.

3 Escucha las frases y di si oyes "gusta" o "gustan". 🎧 Audio 14

4 Conjuga los verbos en presente de indicativo.

a. Me ... *(dar miedo)* las películas de vampiros.

b. Me ... *(aburrir)* escuchar a Rosalía.

c. Me ... *(doler)* el brazo.

d. Me ... *(apetecer)* una hamburguesa.

e. Te ... *(costar trabajo)* aprender los verbos.

VOCABULARIO

- **expresar mis gustos:** *dire ce que j'aime*
- **mi actividad preferida:** *mon activité préférée*
- **me encanta:** *j'adore*
- **lo que prefiero:** *ce que je préfère*
- **me aburre:** *ça m'ennuie*
- **me divierte:** *ça m'amuse*

5 Completa cada frase con el verbo adecuado.

a. A mi padre ... (*le gusta* / *le gustan* / *me gusta*) la paella.

b. A mí ... (*me encanta* / *le encanta* / *me encantan*) la lectura.

c. A nosotros ... (*nos gusta* / *nos gustan* / *les gusta*) los juegos televisivos.

d. A ti ... (*te duelen* / *te duele* / *le duele*) los pies.

Microtarea

Y a ti, ¿qué te gusta hacer en tu tiempo libre? **Observa** el dibujo y **contesta**.

En el tiempo libre

ir al cine — montar en bicicleta — escuchar música — tocar un instrumento — bailar

hacer jogging — dar un paseo — hacer fotografías — jugar al ajedrez — ver la tele

quedar con los amigos — leer — navegar por Internet — viajar — escribir cartas

ir de compras — pintar — visitar museos — cocinar — cuidar las plantas

11 A1 > A2
LA NEGACIÓN

Gaturro, Nik.

1 Contesta a las preguntas.

a. ¿Qué le pasa a Gaturro? Describe lo que le pasa con una frase.

b. Anota todas las frases negativas que dice.

GRAMÁTICA

La négation

• Pour exprimer la négation, on utilise *no* devant le verbe conjugué.

→ *No quiero jugar* : je ne veux pas jouer.

• On utilise également des **adverbes de négation** placés **devant ou derrière** le verbe conjugué :

tampoco (non plus)   *nada* (rien/pas du tout)
jamás/nunca (jamais)   *nadie* (personne)

→ No bailas nunca/Nunca bailas.

→ No estudias nunca/Nunca estudias.

→ No me gusta nada el chocolate. (je n'aime pas du tout le chocolat.)

• Pour exprimer « ne… plus », on utilise *ya no* + **verbe conjugué**.

→ Ya no cantas = No cantas más

L'accord / le désaccord

Pour exprimer l'accord et le désaccord : *sí/no – también/tampoco*

– A mí me gusta el cine./A mí no me gusta el cine.

– A mí también./A mí tampoco.

– A mí sí/A mí no.

– Yo soy profesor de español./Yo no soy profesor de español.

– Yo también./yo tampoco.

– Yo tengo coche./Yo no tengo coche.

– Yo sí./Yo no.

2 Transforma cada frase a la forma negativa.

a. Me gusta el fútbol.

b. Tengo un hermano mayor.

c. Llamo a mi padre esta noche.

d. Queremos aprobar los exámenes.

e. Preferimos verlo hoy.

5 Transforma las frases negativas con adverbios.

a. Gaturro no quiere levantarse. *(nunca)*

b. No queremos salir. *(tampoco)*

c. La gente no quiere hablar. *(nadie)*

d. Ellos no saben. *(nada)*

3 Completa las frases con :

| ya no | nada | tampoco | nadie |

a. ... quiere levantarse pronto durante las vacaciones.

b. Gaturro ... puede estar en la cama.

c. Yo ... quiero ir al cine esta noche.

d. No me gusta ... la sopa.

VOCABULARIO

Quelques expressions du langage familier

- **¡Qué va!:** *mais non !*
- **¡No, hombre!:** *ça ne va pas, non !*
- **¡Qué dices!:** *mais qu'est-ce que tu dis !*
- **Para nada/En absoluto:** *absolument pas !*
- **¡Ni hablar!:** *inutile d'en parler !*

---

4 Completa el diálogo utilizando las expresiones:

¡Qué va!   ¡No, hombre!

¡Ni hablar!

a. –¿Al final vas a ir a ver el partido del Real Madrid?
– ..., no puedo. Tengo que estudiar.

b. –No voy a tener una buena nota en matemáticas.
– ..., si eres la mejor de la clase.

c. –Mamá, ¿puedo salir esta noche?
– ..., ayer te dije que no.

Microtarea

Imagina frases y contesta con :

| yo sí | yo no |
| yo también | yo tampoco |

a. Yo salgo del colegio muy tarde. ¿Y tú?

b. Yo no compro nunca caramelos. ¿Y tú?

c. Yo tomo cereales para desayunar. ¿Y tú?

d. Yo no voy nunca al cine. ¿Y tú?

| 29

12 A1 > A2 LAS PREPOSICIONES

1 Completa el texto con las preposiciones:

hacia | por | con | desde | por | hasta | para | a | de | de

Estimada Marta:

Tengo buenas noticias que contarte, Marcos y yo nos vamos de viaje ... Santiago de Compostela ... hacer una peregrinación.

... Roncesvalles ... Santiago son muchos kilómetros.

Nos iremos ... el mes ... abril. Ayer pasamos ... la agencia de viajes. Compramos los billetes ... tren y hablamos ... teléfono ... los responsables de los albergues.

Te contaremos nuestro viaje.

Hasta pronto, un beso.

Claudia

VOCABULARIO

Quelques expressions avec *por*

- **por favor**: *s'il vous plaît/te plaît*
- **por la mañana**: *le matin*
- **por la tarde**: *l'après-midi*
- **por la noche**: *le soir / la nuit*
- **por lo tanto**: *donc*
- **por la carretera**: *sur la route*
- **por la calle**: *dans la rue*
- **gracias por**: *merci pour…*
- **por culpa de**: *à cause de*

2 Completa con las preposiciones.

a. Yo soy … Buenos Aires y voy … mi país.

b. Estos pantalones son … terciopelo y esta camisa es … algodón.

c. Llegaré … las cinco.

d. Estamos … noviembre.

e. Estoy … la estación … autobuses.

f. Te estoy esperando … un rato.

3 Completa con "a" o sin "a".

a. He visto … elefantes en el zoo.

b. Tengo que llamar … María por su cumpleaños.

c. Le he dicho … mi madre que no íbamos a cenar.

d. Llamaré … Gustavo para salir esta noche.

4 Elige entre "por" o "para".

a. Este regalo es … ti.

b. Lo hago … ti.

c. Nos vamos … casa.

d. … mí, no es una buena mujer.

5 Escucha y completa con la preposición que oigas.

Audio 16

a. Estos pasteles son … mi hermana.

b. … ir a Cantabria paso … Madrid.

c. Lunes, martes y jueves no tenemos clase … la tarde.

d. No te he llamado … falta de tiempo.

e. Mi casa fue construida … un constructor.

GRAMÁTICA

CON
- **exprime l'accompagnement** → *Me voy con vosotros.*
- **introduit un complément de manière ou de moyen**
  → *Actúa con inteligencia.*

DE
- **indique l'origine** → *Soy de Madrid.*
- **la matière** → *Tiene un cinturón de piel.*
- **s'utilise pour parler d´une caractéristique**
  → *El chico de los vaqueros.*
- **l'appartenance** → *Este libro es de mi padre.*

DESDE
- **indique le lieu** → *Te llamo desde Barcelona.*
- **depuis combien de temps**
  → *Te llamo desde hace tres días.*

HACIA
- **indique la direction** → *Voy hacia Buenos Aires.*
- **l'approximation** → *Vendré hacia las seis.*

EN
- **exprime l'endroit où l'on se trouve**
  → *Estoy en la Puerta del Sol.*
- **le temps** → *Estamos en primavera.*

A
- **indique un mouvement** → *Voy a la plaza Mayor.*
- **s'emploie devant un COD de personne ou un animal s'il est individualisé et déterminé :**
  → *¿Ves a Pedrito?*
  → *Llama a tus padres.*
  → *¿Conoces a mi perro?*

Remarque : si le COD désigne un animal au pluriel en general on n'emploie pas *a*.
  → *¿Ves leones en el zoo?*

POR
- **traduit « par » dans la phrase passive**
  → *El edificio ha sido construido por el arquitecto.*
- **exprime la cause** → *Es por tu culpa.*
- **indique le lieu où l'on passe** → *Paso por tu casa.*
- **le prix** → *Te lo vendo por cinco euros.*
- **le moyen** → *Te llamamos por teléfono.*

PARA
- **exprime le but** → *Hay que trabajar para vivir.*
- **un point de vue** → *Para mí, eres el mejor.*
- **indique la destination** → *Me voy para tu casa.*

Microtarea

Concurso de preposiciones: **elige** una ruta del Camino de Santiago y **descríbela**. Gana quien haya utilizado más preposiciones.

| 31

13 · A1 > A2 · LAS COMPARACIONES Y LOS SUPERLATIVOS

Penélope Cruz y Javier Bardem

1 **Compara** a estos dos famosos del cine español.

2 **Completa** las frases utilizando los comparativos indicados.

a. Ella es *(+ inteligente)* … su prima.

b. Ellos son *(− alto)* … su padre.

c. Nosotros somos *(= travieso)* … sus amigos.

3 **Utiliza** los superlativos para construir una frase.

a. La profesora es *(+ buena).*

b. La abuela es *(+ pequeña).*

c. Ellas son *(+ grandes).*

4 **Redacta** frases utilizando los comparativos contrarios.

a. Eres más simpático que yo. → ...

b. Sabes menos español que él. → ...

c. Vienen más que nosotros. → ...

d. Hablas menos que ella. → ...

5 **Transforma** utilizando la igualdad.

a. Ella es más divertida que yo.

b. Nosotros somos menos graciosos que ellas.

c. Él es mejor alumno que yo.

d. Tú tienes más animales que yo.

6 **Escribe** de nuevo las frases con *–ísimo* o *–ísima*.

a. Esta chica es la más guapa. → ...

b. Este coche es el más rápido. → ...

c. Esta receta es buena. → ...

GRAMÁTICA

Les comparatifs

- **d'égalité :** *tan* + adjectif qualificatif + *como*
  → *Marta es* **tan** *guapa* **como** *su madre.*

  tant(o/a/as/os) + nom + *como*
  → *Ella tiene* **tantos** *aprobados* **como** *yo.*

- **de supériorité :**
  más + adjectif qualificatif + *que*
  → *Marta es* **más** *guapa* **que** *su madre.*

- **d'infériorité :**
  menos + adjectif qualificatif + *que*
  → *Marta es* **menos** *guapa* **que** *su madre.*

Attention aux quatre comparatifs irréguliers :

- *pequeño: menor*
  → *Ella es* **menor** *que su hermana.*

- *grande: mayor*
  → *Ella es* **mayor** *que su hermano.*

- *bueno: mejor*
  → *Este pan es* **mejor** *que el otro.*

Les superlatifs

- **Le superlatif relatif :**
  el/la más + adjectif
  → *Ella es* **la más guapa.**

  el/la menos + adjectif
  → *Ella es* **la menos guapa.**

Attention aux irréguliers :

- *pequeño: menor* → *Ella es* **la menor.**
- *grande: mayor* → *Ella es* **la mayor.**
- *bueno: mejor* → *Este pan es* **el mejor.**

- **Le superlatif absolu :**
  muy + adjectif → *Ella es* **muy guapa.**

  Adjectif + suffixe *ísimo/ísima/ísimas/ísimos*
  → *Ella es* **guapísima.**

Microtarea

¿Sabes lo que significan estos refranes españoles? **Busca** en Internet.

a. Estar más sordo que una tapia: ...

b. Ser más bueno que el pan: ...

c. Llorar como una magdalena: ...

d. Más largo que un día sin pan: ...

e. Te repites más que el ajo: ...

| 33

14 A1 > A2
LOS RELATIVOS "QUE", "QUIEN", "CUAL"

Gaturro, Nik.

GRAMÁTICA

Les relatifs

Les pronoms relatifs *que, quien, el/la que* s'accordent en genre et en nombre avec le nom ou le pronom auquel ils font référence.

• *Que* est le pronom le plus utilisé. Il peut être sujet, COD ou COI.
Tous les relatifs français « qui, que, quoi, dont, où », peuvent se traduire par *que*.
→ *Los hombres que viajan en tren ya están en la estación.*
→ *El libro que leo me interesa mucho.*
→ *No sabes de lo que se trata.*

• *el que/la que/los que/las que* s'utilisent lorsque l'antécédent est une personne ou chose :
 – **après une préposition**
  → *La chica de la que te hablo.*
 – **quand l'antécédent n'est pas exprimé :**
  → *el que mal anda, mal acaba*

• *quien/quienes* fait référence à des personnes ou à des choses personnifiées.
Quand l'antécédent est un COD de personne, *quien* est toujours accompagné de la **préposition** *a* :
→ *Vive con sus hijas a quienes educa con mucho esmero.* (Il vit avec ses filles, qu'il éduque avec beaucoup de soin.)

• *el cual/la cual/los cuales/las cuales*
Il se traduit par « lequel » en français, mais est moins utilisé.
→ *Se acerca a la ventana bajo la cual ladra el perro.* (Il s'approche de la fenêtre sous laquelle le chien aboie).

• *lo cual* se traduit en français par « ce qui » ou « ce que ».
→ *A ella le gusta mucho leer en voz alta, lo cual no molesta a su marido.*
(Elle aime beaucoup lire à voix haute, ce qui ne dérange pas son mari.)

• *cuyo/cuya/cuyos/cuyas* s'accorde avec le nom qui suit. Il indique une relation d'appartenance entre les deux noms. Se traduit en français par « dont ».
→ *Las ventas cuya casa son amarilla.*

1 Subraya el relativo de las frases de Gaturro. Luego **inventa** una frase siguiendo el mismo modelo.

2 Subraya la forma correcta.

a. Esa es la señora con *(quien/que)* te debes entrevistar.

b. La clínica a *(que/la que)* voy está lejos de mi casa.

c. Pedro es el chico *(que/quien)* llama a María todas las noches.

d. ¿Conoces al vecino *(que/quien)* nos ha saludado?

e. Esta es la puerta por *(la que/que)* entran las autoridades.

f. Usa la toalla *(que/la que)* está en el cuarto de baño.

3 Escucha y **completa** el texto con el pronombre adecuado.

 Audio 17

a. Te devolveré mañana la chaqueta … me has dejado.

b. Conoces a la chica … está sentada.

c. La chica … has hablado es mi prima.

d. … me gusta mucho es su forma de hablar.

e. El chico que ha venido es … trabaja conmigo.

f. Los amigos de … te hablo son franceses.

g. El chico a … saludo se llama Teodoro.

4 Relaciona los elementos de las frases.

a. El coche cuyas • • cuadros están a la venta.
b. La panadería cuyos • • panes están buenísimos.
c. La chica cuyos • • llaves están en la entrada.
d. El pintor cuyos • • apuntes están bien escritos.

5 Une las frases utilizando "cuyo, cuya, cuyos, cuyas":

a. Mi padre tiene un sobrino. Su hijo vive en Madrid.

b. Tengo unos primos. Sus amigos han ido a Barcelona de fin de semana.

c. Por la carretera ayudamos a un camionero. Su camión se había estropeado.

d. Tengo una abuela. Su casa está en la calle Fuencarral.

6 Completa las frases con "que, el que, la que, los que, las que, lo que":

a. ¿Quién es esa mujer? … trabaja con Cristina.

b. … pide Sergio es siempre imposible.

c. ¿Quiénes son esos chicos tan altos? … juegan al baloncesto con el Madrid.

d. ¿Recuerdas … me has dicho esta mañana?

e. Mi empresa es … hace esquina.

Microtarea

Simulamos un diálogo en una tienda de ropa para aconsejar a alguien lo que va a comprar. No olvidéis utilizar los pronombres relativos.

Ejemplo: —¿Cuál te gusta más? ¿El que tiene las mangas verdes o rojas?
—El que tiene las rojas.

| 35

15. LOS INDEFINIDOS "ALGO", "ALGUIEN", "ALGUNO/A"...

A1 > A2

🎧 Audio 18

¿TIENES ALGÚN BOTÓN ROJO?

"¡Voy a ver!, creo que tengo alguno...,¡ah, pues no!. Tengo algunos botones de colores, pero ningún botón rojo/ninguno rojo".

¿HAY ALGUNA FÁBRICA CERCA DE TU CIUDAD?

"Sí, sí que hay algunas. Además, hay alguna que contamina muchísimo, pero el gobierno dice que ninguna es peligrosa para la salud.

¿HAY ALGUIEN DE CANADÁ EN LA FOTO?

"No, No hay nadie de Canadá. Algunos chicos y algunas chicas son de Rusia, Eslovenia, Marruecos y China".

VOCABULARIO
- **alguien:** *quelqu'un*
- **nadie:** *personne*
- **algo:** *quelque chose*
- **nada:** *rien*

¿PUEDES VER ALGO CON ESTAS GAFAS?

"No, la verdad es que no puedo ver nada, pero son muy chulas"

www.dream2languages.com

36 |

1 En parejas, **leemos** el diálogo en voz alta. Luego, **tratamos de explicar** la regla de los indefinidos.

2 **Completa** las frases con "alguno/a/os/as" o "ninguno/a/os/as".

a. ¿Has escrito .... frase en tu cuaderno?

b. ¿Tienes .... problema?

c. Busco .... solución.

d. No lo veo en .... sitio.

3 **Responde** de forma negativa a las preguntas.

a. ¿Tienes muchos animales?

b. ¿Has comprado mucho?

c. ¿Has visto a alguien?

d. ¿Has hecho algo?

GRAMÁTICA

Les indéfinis et les quantifieurs

- **Alguno/alguna** se traduit par « quelque(s) ».
  → Algunos alumnos no han venido a clase.
  Attention, si **alguno** est placé devant un nom masculin singulier, il devient **algún**.

- **Ninguno/ninguna** se traduit par « aucun/aucune ». Il s'emploie au singulier.
  Attention, si **ninguno** est placé devant un nom masculin singulier, il devient **ningún**.
  → Ningún alumno ha suspendido.

- **Todo/a/as/os** se traduit par « tous ».
  → Todos los chicos de esta clase estudian mucho.

- **Cada:** « chaque » → Cada día es importante para mí.

- **Bastante:** « assez » → Toma bastante aceite de oliva, es bueno para la salud.

- **Poco/a/as/os:** « peu » → Tengo poco dinero.

- **Mucho/a/as/os:** « beaucoup » → Tomo muchas vitaminas.

- **Demasiado/a/as/os:** « trop » → Tomo demasiada grasa.

---

4 **Relaciona** las preguntas con las respuestas.

a. ¿Alguien habla más lenguas? •
b. ¿Hay algo de beber? •
c. ¿Hay alguien en casa? •
d. ¿Alguien ha ido alguna vez a África? •
e. ¿hay alguna película interesante en el cine? •
f. ¿Conoces algún estudiante que estudie inglés? •

• Sí, hay algunas películas interesantes.
• Sí, conozco a muchos estudiantes que estudien inglés.
• No hay nada para beber.
• Muchos estudiantes estudian inglés, pocos saben chino.
• No hay nadie en casa.
• Nadie ha ido a África.

5 **Escribe** la frase contraria.

a. Tomo poco azúcar.

b. Viene mucho tiempo.

c. Lo he comido todo.

d. Ningún chico viene a mi clase.

6 **Completa** las frases con la forma adecuada : masculino/femenino y singular/plural.

a. Tenemos much… deberes.

b. Ellos saben algun… trucos de magia.

c. Ella no tiene ningun… ganas de volver.

d. Tú puedes elegir tod… la ropa que quieras.

Microtarea

En parejas, **creamos** un folleto como el anterior utilizando los indefinidos.

A1 > A2
16 EL DIPTONGO

¿Qué tipo de viajero eres?

 EL MOCHILERO
Con presupuesto cero ha visitado más lugares que la mayoría.

 EL INTERNETAHOLIC
Se recorre el país buscando wifi gratis desesperadamente.

 El FIESTERO
Solo le interesa conocer la fiesta del lugar o país nuevo.

 EL POSTURITAS
Su maleta es un centro comercial y está lleno de por si acasos.

 EL INSTAGRAMMER
Cámara, GoPro, palo selfie, móvil... lo tiene todo.

 EL BUSCACHOLLOS
Todo lo filtra por precio. En ascendente, claro.

 LA PAREJITA
Son MUY pegajosos y ponen candados en todos los puentes.

 EL WIKIPEDIA
Se sabe todos los datos históricos de memoria y le gusta relatarlos.

 EL GASTADOR
Se recorre todas las tiendas de recuerdos y su VISA echa humo.

 EL GOURMET
Todo el viaje gira en torno a la comida. ¡Quiere probarlo todo!

 EL PLANIFICADOR
Prepara listas con todos los monumentos, planes y rutas.

 EL TURISTA
Lleva un mapa o GPS en mano y a veces, chanclas con calcetines.

 EL COMPAÑERO
Siempre busca compañero de viaje... y lo encuentra.

 EL PREMIUM
Su frase favorita es todo incluido y quiere disfrutar al 100%.

 EL SINGLE
Le gusta viajar solo porque así puede centrarse en sí mismo.

 EL GRUPAL
Viaja en grupo, conoce a gente nueva y disfruta como el que más.

VOCABULARIO

- **organizar un viaje:** *organiser un voyage*
- **estar de vacaciones:** *être en vacances*
- **irse de vacaciones:** *partir en vacances*
- **el alojamiento:** *le logement*
- **las maletas:** *les valises*
- **la media pensión:** *demi-pension*
- **un hotel:** *un hôtel*
- **conocer culturas:** *connaître des cultures*

 ¿Qué viajero eres? **Lee** el documento y **di** cómo prefieres viajar.

2 Conjuga cada verbo en presente de indicativo.

a. pensar	tú …	– nosotros …
b. soñar	yo …	– nosotras …
c. contar	yo …	– vosotros …
d. despertarse	él …	– ellos …
e. pedir	yo …	– nosotros …
f. vestirse	tú …	– ellos …

3 Elige la buena respuesta.

a. Yo ☐ cierro ☐ cerro

b. Tú ☐ comienzas ☐ comenzas

c. Él ☐ quiere ☐ quere

d. Nosotros ☐ decimos ☐ dicimos

Audio 19

4 Completa el texto conjugando el verbo adecuado.

dormir   despertarse   acostarse   almorzar
pedir   volver   querer   soler

Yo … a las ocho y media. En la cafetería … a las once, … un café con leche. … a casa a las siete de la tarde porque … llegar temprano. Por la noche … preparar mi mochila para el día siguiente. … a las once y … a las once y veinte.

5 Relaciona los elementos para formar frases.

a. Yo •   • quieren conocer mundo.

b. Nosotros •   • prefieres viajar con amigos.

c. Ellos •   • queréis un hotel cinco estrellas.

d. Tú •   • preferimos viajar solos.

e. Vosotros •   • pido una habitación individual.

GRAMÁTICA

La diphtongue

• Le *e* du radical devient *ie* aux trois personnes du singulier et à la 3e personne du pluriel.

→ **Pensar:** *pienso, piensas, piensa, pensamos, pensáis, piensan*

Quelques verbes : *calentar* (chauffer/réchauffer) ; *cerrar* (fermer) ; *comenzar* (commencer) ; *confesar* (confesser) ; *despertar* (réveiller) ; *entender* (comprendre) ; *perder* (perdre) ; *querer* (aimer, vouloir) ; *venir* (venir) ; *dormir* (dormir)…

• Le *o* ou le *u* du radical devient *ue* aux trois personnes du singulier et à la 3e personne du pluriel.

→ **volver:** *vuelvo, vuelves, vuelve, volvemos, volvéis, vuelven*

Quelques verbes : *colgar* (accrocher/raccrocher) ; *contar* (raconter) ; *consolar* (consoler) ; *poder* (pouvoir) ; *doler* (faire mal) ; *poder* (pouvoir) ;

→ **jugar:** *juego, juega, juega, jugamos, jugáis, juegan*

La diphtongue se produit au présent de l'indicatif, au présent du subjonctif et à l'impératif.

Les verbes à affaiblissement

• Le *e* du radical devient *i* aux trois personnes du singulier et à la 3e personne du pluriel.

→ **decir:** *digo, dices, dice, decimos, decís, dicen*

Quelques verbes : *seguir* (suivre), *vestirse* (s'habiller), *corregir* (corriger), *repetir* (répéter) ; *pedir* (demander)…

Le changement se produit toujours sur la syllable qui précède celle de la terminaison.

Microtarea

Buscamos nuestra pareja ideal para viajar. Cada uno **dice** cómo le gusta viajar y lo que prefiere.

39

17 A1 > A2 — EL PRETÉRITO PERFECTO / SOLER

La rutina inventada de Salvador Dalí

🎧 Audio 20

Como hoy es domingo, me he levantado a las seis de la mañana para ver el amanecer desde la ventana de mi casa de Cadaqués. Suelo desayunar con Gala en la terraza. Después, hemos dado una vuelta por el casco histórico de Cadaqués. Solemos ir a Portlligat, un refugio de pescadores. En el restaurante Casa Anita hemos comido muy bien. Gala ha elegido pescado fresco y yo unos mariscos riquísimos. Desde una de las terrazas del pueblo, hemos despedido al sol.

VOCABULARIO

el amanecer: *le lever du soleil*
mariscos: *fruits de mer*

Repères temporels

- **esta semana:** *cette semaine*
- **este mes:** *ce mois*
- **este trimestre:** *ce trimestre*
- **este año:** *cette année*
- **hace unos minutos:** *il y a quelques minutes*
- **hace un rato:** *il y a un moment*

1 **Subraya** en el texto de Dalí los verbos en pasado y el verbo "soler".

2 **Explica** cúando se utiliza el pretérito perfecto.

3 **Escribe** estos titulares de periódico en pretérito perfecto.

a. Una mujer (ganar) un premio de cocina.

b. Un hombre de 80 años (terminar) la carrera de Medicina.

c. El partido socialista (ganar) las elecciones.

d. Los taxistas (manifestarse) por las calles.

e. Crear una ley para (proteger) al consumidor.

4 **Completa** las frases con el verbo "soler" conjugado.

a. Yo ... quedar con ella para ir al cine.

b. Tú no ... hacer los ejercicios de matemáticas.

c. Ella ... venir a mi casa.

d. Nosotros ... jugar al ordenador.

e. Ellos ... pedir muchas cosas.

5 **Transforma** estas acciones utilizando "soler" + infinitivo.

a. Yo desayuno a las ocho y media.

b. Yo me acuesto tarde.

c. Yo compro en el mismo supermercado.

d. Como con mis padres.

e. Estudio en mi casa.

f. Salgo con mis amigos.

GRAMÁTICA

Le passé composé
(pretérito perfecto)

Il s'emploie pour des actions qui ne sont pas terminées.

Il se forme avec l'auxiliaire **haber** au présent + participe passé.

- **Haber:** *he, has, ha, hemos, habéis, han*
- **Formation du participe passé :**
  – pour les verbes terminés en **ar** : on ajoute **-ado**
  – pour les verbes terminés en **er/ir** : on ajoute **-ido**

→ *cantar: he cantado, has cantado, ha cantado, hemos cantado, habéis cantado, han cantado.*

- Pour les verbes pronominaux :

→ *ducharse: yo **me** he duchado, tú **te** has duchado, él/ella **se** ha duchado, nosotros **nos** hemos duchado, vosotros **os** habéis duchado, ellos **se** han duchado.*

- **Attention aux verbes irréguliers:**

abrir → abierto (ouvrir) ;
cubrir → cubierto (couvrir) ;
decir → dicho (dire) ;
resolver → resuelto (résoudre) ;
escribir → escrito (écrire) ;
hacer → hecho (faire) ;
morir → muerto (mourir) ;
poner → puesto (mettre) ;
romper → roto (casser) ;
ver → visto (voir) ;
volver → vuelto (revenir).

Soler + infinitif

Soler exprime l'idée d'habitude : « avoir l'habitude de ».

- Attention, c'est un verbe qui diphtongue en **ue**.

→ *suelo, sueles, suele, solemos, soléis, suelen*

- Il s'emploie toujours avec l'infinitif :

→ *Suelo desayunar con Gala en la terraza.*

Microtarea

En parejas, contamos lo que hemos hecho hoy.

| 41

Unidad **1** — A2+ > B1

BIOGRAFÍAS

Antes de clase

Vídeo 01
¿Conoces bien a tu familia?

Ve el vídeo.

1. Resume lo que pasa.
2. ¿Conoces mejor a tu familia o a tu famoso preferido?

Test

Responde a las preguntas. A continuación, toda la clase pone en común en la pizarra las respuestas. EN GRUPO

¿QUIÉN ERES TÚ?

1 De las siguientes propuestas, ¿cuál eliges para realizarte en tu vida?
- ☐ cantante
- ☐ actor/actriz
- ☐ futbolista

2 ¿Qué es lo más importante de tu vida?
- ☐ mi familia
- ☐ mis amigos
- ☐ yo mismo/a

3 ¿Qué te gusta hacer en tu tiempo libre?
- ☐ salir de compras
- ☐ estar con mis amigos y familia
- ☐ dar un paseo tranquilo

Dans cette unité, tu vas apprendre :
- *Ser* et *estar*
- Présent de l'indicatif
- Passé simple
- Expressions pour organiser son discours
- Parler de célébrités
- Rédiger une biographie

Proyecto final
A2+ > B1 / EE

Redacta la biografía de un personaje o de una persona famosa. Justifica tu elección.

BIOGRAFÍAS | 43

Unidad 1 · ACTIVIDAD 1

Hablar de famosos

1 Biografías de famosos

Completa la biografía de los famosos. Utiliza los verbos en presente.

Enrique Iglesias *(nacer)* .... en Madrid el 8 de mayo de 1975. *(Ser)* .... un cantante y compositor español. *(Ser)* .... el hijo menor del cantante Julio Iglesias. En sus canciones *(hablar)* .... en español y en inglés. Le *(gustar)* .... el windsurf y su animal preferido *(ser)* .... el perro.

Penélope Cruz *(ser)* .... una actriz y modelo española. *(Nacer)* .... en Alcobendas, en Madrid, el 24 de abril de 1974. *(Tener)* .... dos hermanos, una hermana que se *(llamar)* .... Mónica que también *(ser)* .... actriz y un hermano Eduardo que *(ser)* .... cantante. *(Estar)* .... casada con Javier Bardem y juntos *(tener)* .... dos hijos.

2 Gramática

Completa las frases con "ser" o "estar".

a. Lionel Messi ... argentino pero ... en el FC Barcelona.

b. Penélope Cruz ... una actriz famosa. ... casada con Javier Bardem, que también ... actor.

c. El Rubius ... un Youtuber español. Sus vídeos ... publicados en su cadena ElRubiusOMG.

GRAMÁTICA SER et ESTAR

Les verbes *ser* et *estar* se traduisent tous les deux par le verbe « être ».

SER

- L'origine → *Soy de Madrid.*
- L'appartenance → *Mónica es la hermana de Penélope.*
- La matière → *Esta mesa es de madera.*
- La nationalité → *Somos franceses.*
- La caractéristique physique → *Son viejos.*
- Un trait de caractère → *Esta niña es inteligente.*

ESTAR

- Décrire un état physique → *Estoy enfermo. / Está muerto.*
- Localiser dans l'espace → *Estamos en casa de Samuel.*
- Donner son opinion → *Estoy de acuerdo con la profesora.*
- Décrire le résultat d'une action → *Está publicado en Instagram.*

3 Utilizar datos

1. Presenta a uno de estos famosos.

Fernando Botero
- 19 de abril de 1932
- Medellín, Colombia
- Pintor, escultor y dibujante

Julio César de la Cruz
- 11 de agosto de 1989
- Camaguey, Cuba
- Boxeador

Tangana
- 16 de julio 1990
- Madrid, España
- Cantante y compositor

Pau Gasol
- 6 de julio de 1980
- Barcelona, España
- Jugador de baloncesto

Adriana Ugarte
- 17 de enero de 1985
- Madrid, España
- Actriz. Toca el piano

Jennifer Lopez
- 24 de julio de 1969
- Nueva York, Estados Unidos (de origen puertorriqueño)
- Actriz y cantante

VOCABULARIO

- **un boxeador:** *un boxeur*
- **un dibujante:** *un dessinateur*
- **una actriz / un actor:** *une actrice / un acteur*
- **un jugador de baloncesto:** *un joueur de basket*
- **un/una cantante:** *un chanteur / une chanteuse*
- **un/una modelo:** *un mannequin*

BIOGRAFÍAS | 45

Unidad 1 — ACTIVIDAD 2

Conocer los datos personales

1 | Shakira

💬 **1.** Di todo lo que sabes sobre esta artista.

📖 **2.** Lee su biografía (p. 47).

📝 **3.** Completa de nuevo el mapa mental con la información nueva.

Identidad
(nombre, nacionalidad, origen, fecha de nacimiento)
- ....
- ....
- ....

Profesión/carrera
- ....
- ....

Canciones
- ....
- ....
- ....

Familia
(estado civil, hijos)
- ....
- ....

Estilo musical
- ....
- ....
- ....

2 Su biografía ⇢ Ver **Evaluación**, p. 51

 1. Lee otra vez el texto.

Nació el 2 de febrero de 1977 en Barranquilla en Colombia. Shakira Isabel Mebarak Ripoll es una cantautora colombiana. Su padre se llama William Mebarak Chadid, un estadounidense de origen libanés, y su madre Nidia del Carmen Ripoll Torrado, es una colombiana de ascendencia catalana.

Desde 2011, Shakira mantiene una relación sentimental con el futbolista español Gerard Piqué. La cantante y el futbolista tienen 10 años de diferencia. La pareja tiene dos hijos, el mayor se llama Milan y el menor se llama Sacha. Actualmente Shakira vive en Barcelona junto a su pareja.

Shakira se convirtió en una figura del ámbito musical hispanoamericano en 1996 cuando su primer álbum titulado *Pies descalzos* se vendieron más de cuatro millones de copias.

A Shakira no le gustan las bebidas alcohólicas ni el café y no fuma. Habla cinco idiomas (español, árabe, portugués, italiano e inglés) y es una mujer muy inteligente. En 2016, prestó su voz a una gacela de la película Disney *Zootopia* cantando *Try everything*.

Por fin, en enero de 2018 ganó su tercer *Grammy Awards** con el álbum *El Dorado*. Lo ganó en la categoría de "Mejor álbum pop latino". Las ventas de su álbum llegaron a los 4.000.000 copias a nivel mundial.

Adaptado de www.historia-biografia.com

*Los Grammy son premios para dar reconocimiento a un artista.

VOCABULARIO

- **un/una cantautor/a:** un auteur-compositeur, une auteure-compositrice
- **un futbolista:** footballeur
- **la pareja:** le couple
- **junto a su pareja:** avec son conjoint
- **en pareja:** en couple, à deux
- **una relación sentimental:** une relation sentimentale
- **nacer:** naître

2. Completa las tablas con los verbos en azul del texto. Sigue el ejemplo.

Presente	Infinitivo
Tiene	Tener

Pretérito perfecto simple	Infinitivo
Se vendieron	Venderse

GRAMÁTICA Le passé simple

Conjugaison des verbes réguliers au passé simple *(pretérito perfecto simple)*.

HABLAR	COMER	VIVIR
hablé	comí	viví
hablaste	comiste	viviste
habló	comió	vivió
hablamos	comimos	vivimos
hablasteis	comisteis	vivisteis
hablaron	comieron	vivieron

BIOGRAFÍAS | 47

Unidad 1 — ACTIVIDAD 2

3 Malú

Escribe la biografía de Malú con los datos de su ficha.

Datos generales

- **Nombre real:** María Lucía Sánchez Benítez
- **Nacimiento:** 15 de marzo de 1982, Madrid, España
- **Nacionalidad:** Española
- **Ocupación:** Cantante

Web

- **Sitio web:** www.maluweb.com
- **Facebook:** MaluOficial
- **Twitter:** @_MaluOficial_

Información artística

- **Género(s):** Pop, Pop Rock, Balada, Flamenco
- **Instrumento(s):** Voz
- **Tipo de voz:** Mezzosoprano
- **Período de actividad:** 1997-presente
- **Discográfica(s):** Pep's Records (1997-2000) Sony Music (2000-presente)

VOCABULARIO

- **creída:** *prétentieuse*
- **delgada:** *mince*
- **guapa:** *belle*
- **potente:** *puissante*
- **alta:** *grande*
- **pequeña:** *petite*
- **joven:** *jeune*
- **vieja:** *vieille*

Pour organiser son discours

- Primero...
- Luego...
- Después...
- A continuación...
- Por fin...

4 Juegos de rol

 Elige a un famoso y preséntalo a la clase sin dar su nombre, la clase adivina.

ERNESTO CHE GUEVARA
hombre político

- **Fecha de nacimiento:** 14 de junio de 1928
- **Ciudad de nacimiento:** Rosario (Argentina)
- **Fecha de muerte:** 9 de octubre de 1967

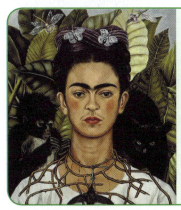

FRIDA KAHLO
pintora

- **Fecha de nacimiento:** 6 de julio de 1907
- **Ciudad de nacimiento:** Coyoacan (México)
- **Casada con:** Diego Rivera
- **Fecha de muerte:** 13 de julio de 1954

GAEL GARCÍA BERNAL
actor

- **Fecha de nacimiento:** 30 de noviembre de 1978
- **Lugar de nacimiento:** Guadalajara, Jalisco (México)
- **Hijo de:** los actores Patricia Bernal y José Ángel García.

MALUMA
cantautor

- **Fecha de nacimiento:** 28 de enero de 1994
- **Ciudad de nacimiento:** Medellín, Colombia

BIOGRAFÍAS | 49

Unidad 1 — ACTIVIDAD 2

Microtarea

  1. A partir del texto y de lo que sabes de Rosalía, completa el mapa mental.

 2. ¿Comó Rosalía se hace famosa (etapas de su vida)?

ROSALÍA VILA

Rosalía Vila (25 de septiembre de 1993) es cantante. Nació en Sant Esteve Sesrovires, Barcelona, España. Pero a temprana edad su familia se mudó a Nueva York.

Sus padres son artistas plásticos y por su profesión debían cambiar de residencia constantemente. Por eso, Rosalía conoce varios lugares del mundo y tiene la oportunidad de conocer diversas culturas y aprender de ellas.

Las ciudades donde más permaneció fueron París y Barcelona. Desde los 13 años empezó a recibir clases de música alternadas con la educación académica. Estudió violonchelo y composición. Su lugar favorito era un parque donde la gente ponía música en los coches, la que más sonaba era flamenco. Tres años después, José Miguel Vizcaya "El Chiqui" se convirtió en su profesor de flamenco clásico.

Rosalía Vila tiene la capacidad de interpretar no solo flamenco sino ritmos como soul, jazz, pop y otros más populares como el famoso trap. Fácilmente impone su estilo gracias a su tono de voz.

El 10 de febrero de 2017, la joven española lanzó el álbum *Los Ángeles*. Para fortuna de la artista, su trabajo musical fue nominado en los Premios Grammy Latinos y fue reconocido como el mejor disco del año en España. En 2018, lanzó *El Mal Querer* con el single *Malamente*, considerado muy innovador porque combinó sonidos urbanos como el trap con el flamenco tradicional y el R&B. Recibió dos premios Grammy Latinos en la categoría mejor fusión/interpretación urbana y mejor canción alternativa, conseguido por su bien logrado tema *Malamente*.

Previamente la artista presentó a sus seguidores una serie de vídeos en su canal de YouTube. La popularidad de Rosalía se debe en parte a su movida cuenta de Instagram que cuenta con unos 115 mil seguidores.

Adaptado de www.historia-biografia.com

Proyecto final

A2+ > B1 / EE

 Redacta la biografía de un personaje o una persona famosa. Justifica tu elección.

Tu devras :

1. Présenter **la personne de ton choix** (personne célèbre / personnage de film / personnage fictif) en respectant **les différente étapes d'une biographie.**

2. **Mettre en avant ses qualités** et les recontres qui l'ont aidées.

3. Utiliser au moins **trois verbes au passé simple** et **trois verbes au présent**.

4. Utiliser **des connecteurs logiques** pour organiser ton discours.

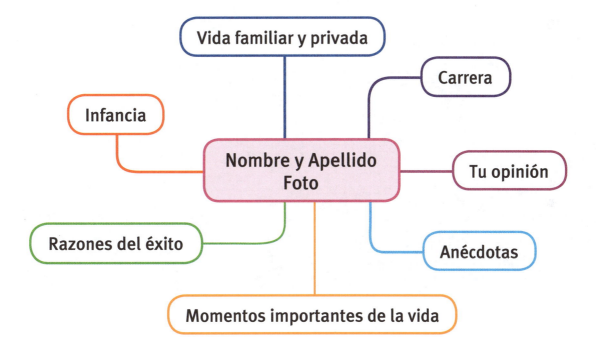

Evaluación

···▶ Exercice **2**, p. 47

À partir de l'audio, faites un résumé en français de la biographie de Shakira (100 à 150 mots) puis répondez en espagnol à l'un des deux sujets suivants :

1. Selon vous qu'est-ce qu'une personne célèbre ? Un scientifique ? Un écrivain ? Un Youtubeur ? Une actrice ? Justifiez votre réponse.

2. Dites en quoi " se connaître, connaître les autres et être sociable " est un atout dans votre futur métier.

BIOGRAFÍAS | 51

Dani Martín, un cantante español

1 **Su biografía está incompleta.** Busca más información en Internet: www.danimartin.com.es/bio/

Biografía

Nació en Madrid el 19 de febrero de 1977. Desde pequeñito le gustaba la música. Desarrolló estudios de Arte dramático, lo que le facilitó sus primeros trabajos como actor.
En el 2000, Dani inicia un grupo llamado "El canto del loco". Más adelante, el grupo decidió darse un descanso y Dani empezó a cantar en solitario.

VOCABULARIO

- **desarrolló:** *développa*
- **darse un descanso:** *faire une pause*
- **cero:** *zéro*
- **borrar:** *effacer*
- **girar:** *tourner*

Cero

Todo lo que .... se nos fue
.... que siempre iría al lado.
Eso que .... ya no es.
Ahora solo existe el pasado.
5 Y me toca entender,
Qué hacer con tus abrazos.
Ahora toca aprender,
Como dejar de querer.
Saber borrarlo bien,
10 Que igual que vino ....
Que hoy es CERO.

Quiero
Que todo vuelva a empezar,
Que todo vuelva a girar,
15 Que todo venga de cero,
De cero.

Y quiero que todo vuelva a sonar,
Que todo vuelva a brillar,
Que todo venga de cero,
20 De cero.

Eso, desaparece y no lo ves
Ese regalo que la vida pone al lado,
Dura lo que dura y ya se fue.
Ni tu ni yo lo hemos cuidado.
25 Y ahora toca entender
Qué hacer con tanto daño.
Y ahora toca aprender
Como dejar de querer.

O saber borrarlo bien
30 Que igual que .... fue
Y es tan feo.

Quiero
Que todo vuelva a empezar,
Que todo vuelva a girar,
35 Que todo venga de cero,
De cero.

Y quiero que todo vuelva a sonar
Que todo vuelva a brillar,
Que todo venga de cero,
40 De cero.

Y siento que todo lo malo es pensar
Que todo lo que viene va,
Que todo se va consumiendo,
Y el silencio manda hoy más.

45 Quiero
Que todo vuelva a empezar,
Que todo vuelva a girar,
Que todo venga de cero,
De cero.

50 Y quiero, que todo vuelva a sonar
Y quiero, que todo venga de cero, de cero...
Y quiero, que todo vuelva a empezar
Y quiero, que todo venga de cero de cero.

Letras: Daniel Martin / Luis Fernando Ochoa.
© Sony/ATV Music Publishing LLC

2 Ve el vídeo y completa la canción con los verbos en pasado que faltan.

Vídeo 02
Cero, Dani Martín

(vino) (inventamos) (soñé) (fue) (vimos)

BIOGRAFÍAS | 53

Unidad 2 — A2+ > B1

TRABAJOS

Antes de clase

 Vídeo 03
¿Cómo será el trabajo del futuro?

Ve el vídeo.
Describe el trabajo del futuro.

 # Test

Responde a las preguntas. A continuación, toda la clase pone en común en la pizarra las respuestas. EN GRUPO

¿CÓMO IMAGINAS TU TRABAJO?

1 **¿Desde dónde prefieres trabajar?**
- ☐ desde tu casa
- ☐ desde una oficina
- ☐ desde una cafetería

2 **¿Con qué grupo de gente te gusta trabajar?**
- ☐ niños y adolescentes
- ☐ todo tipo de persona
- ☐ personajes públicos/celebridades

3 **¿Cómo te gusta ir vestido al trabajo?**
- ☐ en uniforme
- ☐ a mi manera
- ☐ no lo sé

4 **¿Es importante para ti ganar mucho dinero?**
- ☐ No, no me importa.
- ☐ Sí, lo es.

Dans cette unité, tu vas apprendre :
- Traductions de « on »
- Exprimer une obligation
- Vouvoiement
- Chercher un job d'été
- Rédiger un CV
- Préparer un entretien d'embauche

Proyecto final
A2+ > B1 / EO

Crea tu videocurrículum para enviarlo a una agencia de trabajo.

TRABAJOS | 55

Unidad 2 — ACTIVIDAD 1

Buscar un trabajo de verano

1 Trabajos de verano

1. Elige el trabajo de verano que más te corresponde. Justifica tu elección.

Ejemplo: *El trabajo de empleada de hogar me corresponde porque me encantan los niños. Además soy responsable y puntual.*

🎧 Audio 23

A

REPARTIDOR DE COMIDA (Badajoz)

Se ofrece un puesto de repartidor de comida.

- **SUELDO:** 447 euros + bici de empresa
- Incorporación inmediata y flexibilidad horaria de 13h-16h y de 20h-24h. Persona puntual.
- 20 horas a la semana.

⇢ Enviar currículum y referencias.

B

EMPLEADA HOGAR DE 8h A 14h (Madrid)

Se busca una empleada de hogar para una familia con dos niños pequeños.

- **SUELDO:** 600 euros
- De lunes a viernes, horario de 8h a 14h. Organizada, puntual y con ganas de trabajar.
- Se incluye limpieza de la casa, plancha y cocinar.

⇢ Enviar currículum con foto y referencias.

C

LIMPIADOR/A DE VEHÍCULOS (Ciudad-real)

Ofrecemos un puesto de limpiador/a de vehículos.

- **SUELDO:** 400 euros
- Con experiencia. Trabajo de media jornada con alta en Seguridad Social y contrato de trabajo.
- Imprescindible: carnet de conducir. Persona seria y responsable.

⇢ Enviar currículum y referencias.

VOCABULARIO

- **incorporación:** *incorporation / intégration*
- **alta en la Seguridad Social:** *déclaration à la Sécurité Sociale*
- **jornada:** *journée (de travail)*
- **ofrecer:** *offrir*
- **buscar:** *chercher*
- **precisar = necesitar:** *avoir besoin*
- **una oferta de trabajo:** *une offre d'emploi*
- **un puesto:** *un poste*
- **un sueldo = un salario:** *un salaire*
- **planchar:** *repasser*

2. ¿Cuáles son los requisitos para cada oficio?
Con un compañero, completa la tabla.

Empleado/a de hogar	Repartidor/a de comida	Limpiador/a de vehículo
....	....	....

2 Gramática

Conjuga los verbos de las frases siguientes empleando una traducción de "*on*".

a. *(Decir)* ... que es un trabajo difícil.
b. Para Navidad, *(buscar)* ... un Papa Noel para trabajar en el Corte Inglés.
c. Cuando *(ir)* ... a una entrevista de trabajo, *(ponerse)* ... nerviosa.

> **GRAMÁTICA**
> **Les traductions de « on »**
>
> - *Se* + 3ᵉ pers. du sing. :
>   → *Se ofrece* un puesto de camarero.
> - 1ʳᵉ pers. du plur. (nosotros) :
>   → *Ofrecemos* un puesto de limpiadora.
> - 3ᵉ pers. du plur. (ellos/ellas) :
>   → *Dicen* que el puesto esta bien pagado.
> - *Uno/Una* + verbe à la 3ᵉ pers. du sing. :
>   → Eso demuestra que *una* es capaz de trabajar.

3 Oferta de trabajo ⇢ Ver **Evaluación**, p. 63

1. ¿Qué trabajo propone el anuncio? ¿En qué país?
2. ¿En qué consiste cuidar de 55 gatos? ¿Cuáles son los requisitos?

La oferta de trabajo del verano: cuidar de 55 gatos en una isla griega

Suena surrealista, pero la oferta de trabajo es real y consiste en lo siguiente: cuidar de 55 gatos en una impresionante mansión en Syros, una de las islas griegas más espectaculares del Egeo.
5 El refugio *God's Little People Cat Rescue* es quien está detrás de la extraña oferta, en la que se detalla la remuneración y las horas: cuatro horas de trabajo al día por una remuneración mensual de 500 euros al mes. "Aunque puede 10 carecer de remuneraciones financieras, lo compensa con paz y tranquilidad", dice el anuncio que publicó en su página de Facebook y que ya ha atraído la atención de muchos. "El trabajo consiste en alimentar, limpiar, medicar 15 y amar a los 55 gatos en el santuario", explica el refugio de animales en la red social.

Adaptado de 20minutos.es, 12/08/2018

> **VOCABULARIO**
> - **carecer**: *manquer de*
> - **requisito**: *critère, condition*

Unidad 2 — ACTIVIDAD 2
Trabajar en el extranjero

1. Trabajos de verano — EN GRUPO

📖 **1.** Lee el texto y elige el trabajo de verano que te gusta.

💬 **2.** Di cuáles son los requisitos.

> Trabajar en el extranjero en verano es una gran opción para aprovechar los meses estivales y además ganar algo de dinero. Puedes mejorar tu CV añadiendo una experiencia internacional, viajar e incluso hablar idiomas.
> 5 Tienes muchas opciones para aprovechar al máximo estos meses y hacer algo diferente.

A Trabajar en hostelería

Los trabajos relacionados con la hostelería suelen necesitar a más trabajadores en verano que en el resto del año. Puede ser una excelente 5 oportunidad para encontrar un empleo. Se busca personal para servir en los bares, atender a los clientes en recepción, limpiar las habitaciones, trabajar en la cocina del restaurante... 10 Hay que ser una persona flexible, puntual y sonriente.

B Au-Pair

Si te gustan los niños, puedes buscar una familia prácticamente en cualquier parte del mundo.
Trabajando de Au-Pair, se tiene 5 alojamiento y comida incluidos. Es algo bastante importante debido a la dificultad de encontrar alojamiento en los meses de verano. Debes ser paciente, serio y cariñoso con los niños.

C Monitor en campamentos de verano

En verano se organizan muchos tipos de campamentos. Se buscan animadores para organizar juegos y actividades con los jóvenes. Tienes 5 que tener mucha imaginación y mucha paciencia.
Puedes también ser socorrista de piscina: hay que saber nadar bien y se necesita un diploma específico.

D Trabajos de temporada

En los meses de verano se dan muchos trabajos de recolecta de frutas: uva, fresas, cerezas... Son trabajos que solo duran unas 5 semanas o meses y con los que puedes conseguir un buen dinero para seguir viajando. Tienes que ser deportista. También debes de apreciar el campo y el calor.

58 | UNIDAD 2

3. Escucha y asocia la definición con la profesión.

socorrista   camarero/a   recolector/a de fruta   au-Pair

  4. Escucha otra vez y completa cada foto con el nombre y la profesión.

1 ....

2 ....

3 ....

4 ....

GRAMÁTICA Exprimer une obligation

L'obligation personnelle

(je dois, tu dois… / avoir besoin)

→ *Tengo que trabajar* mañana.
→ *Debes contratar* a una Au-Pair.
→ *Necesitamos* un salario cada mes.

L'obligation impersonnelle

(il faut…)

→ *Hay que estudiar* mucho para ser médico.

Microtarea

Explica a la clase tu trabajo para el verano.

TRABAJOS | 59

Unidad 2 — ACTIVIDAD 3
Redactar un CV

1 La redacción de un CV   EN GRUPO

1. Lee el currículum y completa la presentación de Sira.

a. Sira tiene … años y … en Zaragoza. Es … en Comercio.

b. En 2016, Sira hizo … en la tienda Kiko.

c. Sira habla muy bien … y un poco … .

d. Sira trabajó como … en un restaurante en Palma de Mallorca durante el verano.

CURRÍCULUM VITAE

DATOS PERSONALES
Sira Quiroga Hernández
Nacida el 2 de febrero de 1993
Casada
Calle de las Flores, 2
50008 Zaragoza (España)
Teléfono: 625 412 890
Email: Sira.QH@gmail.com

FORMACIÓN ACADÉMICA
- Técnico en Comercio
- Grado Medio en Comercio y Marketing
- ESO en el colegio Santa María (Salamanca)

EXPERIENCIA PROFESIONAL
- **2017** Contrato temporal en la agencia "Enbrazos" (Madrid): cuidado de 2 niños.
- **2016** Periodo de prácticas como vendedora en Kiko (Madrid).
- **2014** (julio-agosto) Camarera en el restaurante Can Peset (Palma de Mallorca).
- **2014** (enero-junio) Periodo de prácticas en Ikea: organizar y controlar las operaciones de almacenaje de productos.

IDIOMAS E INFORMÁTICA
- **Informática:** Word, Excel, Powerpoint
- **Inglés:** nivel B1
- **Francés:** A2

OTROS DATOS DE INTERÉS
- Deporte: danza
- Disponibilidad horaria y geográfica
- Permiso de conducir (vehículo propio)

2   La grabación de un videocurrículum

1. Ve el videocurrículum y apunta las diferentes etapas de la formación de Rodrigo Pacheco.

Vídeo 04 — El currículum de Rodrigo Pacheco

2. Contesta a las preguntas.

a. ¿Cómo se llama el joven?
b. ¿Cuántos años tiene?
c. ¿Cuál es su profesión?
d. ¿Cuál es su especialidad?
e. Cita dos de sus cualidades.
f. ¿Qué idiomas habla?

Microtarea

En parejas, di cuáles son tus aptitudes a tu compañero/a de clase.
(4 adjetivos como mínimo).

VOCABULARIO

- **el almacén**: *l'entrepôt*
- **las mercancías**: *la marchandise*
- **la caja registradora**: *la caisse*
- **vender y cobrar los productos**: *vendre et encaisser les produits*
- **atender al cliente**: *s'occuper d'un client*
- **hacer el inventario**: *faire l'inventaire*

Pour valoriser ton CV

- **polivalente**: *polyvalent/e*
- **paciente**: *patient/e*
- **dinámico/a**: *dynamique*
- **innovador/a**: *innovateur/innovatrice*
- **creativo/a**: *créatif/créative*
- **manejar idiomas**: *connaître des langues*
- **tenaz**: *tenace*

TRABAJOS | 61

Unidad 2 — ACTIVIDAD 4

Preparar una entrevista

1 Los errores más comunes en una entrevista

1. Observa el cartel. Elige un punto y explica a tu compañero/a por qué es un error.

2. A partir de los errores, da consejos hablando de usted para preparar una entrevista.

Ejemplo: *Usted tiene que apagar su teléfono durante la entrevista.*

Microtarea

En parejas, imaginad un diálogo hablando de usted entre un director y un candidato.
(5 ó 6 réplicas por persona)

GRAMÁTICA
Le vouvoiement

Vouvoiement :
- de politesse
  → *¿Trabaja usted?*
- au pluriel
  → *¿Dónde viven ustedes ?*

Proyecto final
A2+ > B1 / EO

 Crea tu videocurrículum para enviarlo a una agencia de trabajo.

- **Pour te filmer, tu pourras utiliser :**
  - un téléphone portable ;
  - la caméra d'un ordinateur ;
  - une caméra mobile / un appareil photo.

- **Pour réaliser ta vidéo tu devras :**
  - porter une <u>tenue professionnelle</u> ;
  - te présenter ;
  - saluer et prendre congé ;
  - t'exprimer clairement avec un <u>débit adapté</u> ;
  - te filmer dans un <u>lieu calme et éclairé</u>.

**Ton CV doit être attirant pour décrocher un entretien.
Fais attention à la présentation !**

Evaluación

⇢ Exercice **3**, p. 57

À partir de l'audio, faites un compte rendu en français (100 à 150 mots), puis répondez en espagnol à un sujet au choix :

1. En quoi est-ce intéressant d'avoir un job d'été ?
2. Dans votre futur métier, en quoi le travail en équipe est-il un atout ?

TRABAJOS | 63

Trabajar un verano en España

▶ Estás pensado en buscar empleo para este verano en España, ¿En qué ciudad quieres trabajar? Justifica tu respuesta.

▶ Descubre en Internet algunas ferias españolas. ¿Te gustaría trabajar en una de estas?

BILBAO

Feria de artesanía

La industía vasca

MADRID

Feria de editoriales

Feria de artesanía

SEVILLA

Feria de Abril

Fabricantes sevillanos: marca El Ganso

BARCELONA

Barcelona Games World

Feria de la moda

TRABAJOS | 65

Unidad 3 — MÓVIL Y REDES SOCIALES

A2+ > B1

Antes de clase

Vídeo 05
Los peligros de las redes sociales

Ve el vídeo.
Cita los 4 peligros.

 Test

Contesta a las preguntas y comprueba tus resultados.

 EN GRUPO

¿ERES ADICTO/A A LAS REDES SOCIALES?

1 ¿Lo primero y lo último que haces en el día es conectarte a Facebook, Instagram o otra red?
☐ Sí ☐ No

2 ¿Te desesperas cuando no puedes conectarte a Internet?
☐ Sí ☐ No

3 ¿Usas tu smartphone mientras caminas?
☐ Sí ☐ No

4 ¿Usas cada momento libre en tus actividades para comprobar si tienes nuevos mensajes en las redes sociales?
☐ Sí ☐ No

5 ¿Te deprimes si no tienes *likes* o nuevos seguidores?
☐ Sí ☐ No

6 ¿Prefieres la vida en redes sociales que la vida real?
☐ Sí ☐ No

RESPUESTAS:
- **0-2 respuestas positivas:** ¡Tienes vida! Todavía visitas a tus amigos en sus cumpleaños y te conocen en persona.
- **3-4 respuestas positivas:** ¡Cuidado! Tu tiempo en las redes ha aumentado mucho. Todavía estás a tiempo de volver a la vida real.
- **5-6 respuestas positivas:** Para ti no hay vida sin redes sociales. ¡Vuelve a la realidad!

Dans cette unité, tu vas apprendre :
- Exprimer l'intensité et la fréquence
- Adverbes en *-mente*
- Verbe *soler*
- Pourcentages
- Donner des conseils
- Le langage SMS en espagnol
- Avantages et inconvénients du portable et des réseaux sociaux

Proyecto final
A2+ > B1 / E0

  EN GRUPO

A partir de la infográfia, debatid sobre el uso de las redes sociales en España.

MÓVIL Y REDES SOCIALES | 67

Unidad 3 — ACTIVIDAD 1
Conocer el lenguaje SMS

1 ¿Una nueva ortografía? ⟶ Ver **Evaluación**, p. 79

1. Ve el vídeo y contesta a las preguntas.

a. Se habla de:
  ☐ la generación Z   ☐ los millenials   ☐ los jóvenes

b. ¿Qué dice la profesora a propósito de los resultados académicos de los jóvenes? ¿Por qué?

c. ¿Qué pasa con la ortografía?

d. Para los jóvenes, la ortografía en clase de Lengua se convierte en:
  ☐ una pesada norma   ☐ un juego   ☐ un pasatiempo

Vídeo 06
El lenguaje de los SMS, un desafío para los profesores de Lengua.
https://www.abc.es/espana/abci-contra-acoso-escolar-no-chivatos-valientes-201805021700_video.html

68 | UNIDAD 3

2. Completa con las palabras siguientes, y luego escucha el audio.

- mensajes de móvil
- deformación del lenguaje
- faltas
- errores
- las normas
- abreviaturas

Los profesores alertan de que los jóvenes cometen cada vez más ...... de ortografía. Encuentran muchos ...... relacionados con el lenguaje que los estudiantes utilizan en los .... Desde los centros educativos
5 redoblan esfuerzos para evitar una ....

Los profesores creen que acortar palabras durante todo el día provoca que a la hora de ponerse a escribir en serio, se les olviden ......, como el uso de los acentos. Los jóvenes reconocen que prefieren escribir con ......
10 con sus teléfonos móviles y, en ocasiones, aseguran que les cuesta entender lo que les escriben.

Adaptado de www.antena3.com

VOCABULARIO

- **las abreviaturas** = las abreviaciones: *les abréviations*
- **acortar las palabras**: *abréger les mots*
- **un retroceso**: *un retour en arrière*
- **un avance**: *un progrès*
- **un desafío**: *un défi*

2 Alba habla con su amiga por SMS

Escribe de nuevo los SMS de las dos amigas con su ortografía correcta. Ayúdate de las abreviaciones.

Las abreviaciones del lenguaje SMS

- **NV:** nos vemos
- **M1ML:** mándame un mensaje luego
- **N:** no/en
- **PQ/XQ:** porque / ¿por qué?
- **TQM:** te quiero mucho
- **TAS:** estás
- **TOY:** estoy
- **KSA:** casa
- **QT1BD:** ¡Qué tengas un buen día!
- **NLS:** no lo sé
- **BSS:** besos
- **DND:** ¿Dónde?
- **H LGO:** ¡Hasta luego!
- **PF:** por favor
- **KTL:** ¿Qué tal?
- **MÑA:** mañana

Microtarea

 Escribe un mensaje a un amigo para ir al cine. Añade abreviaciones de SMS.

MÓVIL Y REDES SOCIALES | **69**

Unidad 3 — ACTIVIDAD 2

Estar enganchados al móvil

1 ¿Cómo usas el móvil? **EN GRUPO**

a. Rellena el cuestionario.

Audio 28

1 ¿Con qué frecuencia usas tu móvil?
- ☐ una vez a la semana
- ☐ dos veces a la semana
- ☐ una vez al día
- ☐ varias veces al día

2 ¿Cada cuánto tiempo miras el móvil?
- ☐ cada 5 minutos
- ☐ cada 15 minutos
- ☐ cada hora

3 ¿En qué ocasiones lo miras?
- ☐ durante la clase
- ☐ durante el recreo
- ☐ durante la comida
- ☐ viendo la tele
- ☐ hablando con amigos
- ☐ durante tu tiempo de ocio

4 ¿Para qué usas el móvil?
- ☐ para hacer llamadas
- ☐ para sacar fotos
- ☐ para enviar mensajes
- ☐ para buscar información en Internet
- ☐ para chatear
- ☐ para hacer compras
- ☐ para leer emails

5 ¿Cuáles son tus temas preferidos de búsqueda?
- ☐ moda
- ☐ viaje
- ☐ comida
- ☐ casa y jardín
- ☐ coche
- ☐ fútbol

b. Comparad las respuestas y anotadlas en la tabla.

	1	2	3	4
1. Frecuencia	...	...	...	...
2. Tiempo	...	...	...	...
3. Ocasión	...	...	...	...
4. Usos	...	...	...	...
5. Temas	...	...	...	...

c. Intercambiad impresiones en la clase para sacar conclusiones.

VOCABULARIO

Pour exprimer l'intensité
- **demasiado:** *trop*
- **mucho:** *beaucoup*
- **poco:** *peu*
- **tanto:** *tellement*

Pour exprimer la fréquence
- **una, dos, tres... veces / al día / a la semana / al mes:** *une, deux, trois... fois par jour / par semaine / par mois*
- **a veces:** *parfois, quelquefois*
- **a menudo:** *souvent*
- **siempre:** *toujours*
- **nunca:** *jamais*

2 Gramática

 1. Escribe de nuevo las frases con los adverbios. Luego, lee las frases en voz alta.

a. La 4G permite a la gente estar conectada. *(siempre)*
b. Mis padres usan Whatsapp para enviar fotos de sus vacaciones. *(a menudo)*
c. Apagamos el móvil cuando entramos en clase. *(nunca)*
d. Utilizo Facebook ahora pero descargo mis fotos desde mi Instagram. *(de vez en cuando)*
e. Los móviles funcionan mal en mi pueblo. *(a veces)*

 2. Responde utilizando "también" o "tampoco".

a. No me ha gustado nada el mensaje de Laura en Facebook. ¿Y a ti?
b. Me encanta ver películas de Netflix en mi tablet. ¿Y a vosotros?
c. A Samuel le apetece descargarse Apps. ¿Y a Sara?
d. Pedro quiere hablar con su amigo en Skype. ¿Y su amigo?

 3. Construye el adverbio a partir del adjetivo.

a. rápido   **b.** lento   **c.** práctico   **d.** cómodo

> ### GRAMÁTICA
>
> **También et Tampoco**
>
> - Dans une phrase négative *también* devient *tampoco*.
>   → A mí no me gusta.
>   A mí <u>tampoco</u> me gusta.
>
> **Les adverbes en –mente**
>
> - Ils se forment à partir des adjectifs féminins :
>   → lenta + mente : <u>lentamente</u>
> - Lorsque plusieurs adverbes se suivent, seul le dernier prend la forme complète.
>   → Fácil y <u>rapidamente</u>

3 El informe de móviles en España y el mundo

 1. Escucha el audio.

 2. Completa el texto con los porcentajes y las cifras.

 3. Compara los resultados con los de la clase.

> Un ...... de los usuarios de móvil en el mundo afirma que mira su móvil en los ...... tras despertarse.
> En el mundo un usuario de móvil pasa una media de ...... al día utilizando su móvil. Lo que más realiza el usuario
> 5 es ver vídeos, seguido de navegar en Internet y consultar las redes sociales.
> El ...... de los jóvenes españoles accede a Internet a diario desde su móvil y es el dispositivo al que dedican más tiempo.
> Adaptado de www.bubled.es, 2018

MÓVIL Y REDES SOCIALES | 71

Unidad 3 — ACTIVIDAD 2

4. Adicta al móvil: Marta, 16 años

1. Lee la agenda de Marta. ¿Es adicta al móvil? ¿Cuáles son las señales?

2. Escribe 5 frases de su agenda utilizando el verbo "soler". Imita el ejemplo.

Ejemplo: *Suelo levantarme a las 7.30 y trato de no mirar mucho el móvil.*

3. Di las frases utilizando el verbo "soler".

a. Todos los días usa el móvil.
b. Cada sábado Ana descarga una nueva App.
c. Todas las tardes, después del instituto, los alumnos publican fotos en Instagram.
d. Cuando Pedro entra en clase tiene la costumbre de apagar el móvil.

> **GRAMÁTICA**
> **Le verbe « soler »**
>
> *Soler* + verbe à l'infinitif exprime l'habitude.
> → *Suele comer a las 12h.*

 Audio 30

7.30	8.30	11.15-11.30	11.30-14.35	15.00
Me levanto y me preparo para ir al instituto. Trato de no mirar mucho el móvil para no llegar tarde.	En el instituto está prohibido usarlo. Sin embargo, leo y contesto los mensajes desde debajo del pupitre. A veces tengo más de 2.000 mensajes acumulados durante la noche. No tengo tiempo para leerlos todos.	En el recreo, trato de contestar mensajes y ver algún vídeo sin que me vean los profes, porque si no te lo quitan todo el día.	Durante el resto de las clases suelo mirarlo cada 20 minutos; si no tengo mensajes, doy algún "like" en Instagram. Necesito saber dónde está mi móvil en cada momento.	Como sola en casa chateando en WhatsApp con amigos. Llevo el móvil a todas partes, incluso cuando voy al baño.

16.00	16.30	17.00	21.00	21.30	00.00
He contestado a unos 300 mensajes ya. He dado 30 "likes" en Instagram y he subido algunas fotos[1] o algún 'selfie'.	Todos los grupos del instituto hablan por "WhatsApp". Algunos piden cosas de deberes, pero otros montan broncas[2]. Yo no participo.	Me pongo a hacer los deberes. Cada hora, hago una pausa de 5 minutos para ver de nuevo el WhatsApp. Subo un 'selfie' con cara de aburrida o una foto de mi habitación... A veces, esos 5 minutos de pausa se convierten en 20.	Cena con mis padres. Prohibido mirar el móvil...	Me pongo a ver la tele pero tengo el teléfono en la mano. Ya no lo dejo hasta la hora de dormir. Voy pasando de Instagram a WhatsApp y de este a Facebook o a YouTube.	Me voy a la cama con el móvil a mi lado, en modo avión. No soporto apagarlo. Paso 5 horas cada día conectada a las redes sociales y todavía más los fines de semana. Quizá tenga que admitir que soy adicta...

[1]. subir fotos: *publier une photo* - [2]. montar broncas: *faire des histoires*

Microtarea: Sondeo en clase

Se divide la clase en varios grupos. Cada alumno de cada grupo pone una cruz para indicar qué dispositivo(s) de conexión usa.

	Accedes a redes sociales a través de tu…
móvil	....
tablet	....
ordenador	....

- Se elige a un alumno para apuntar el resultado en la pizarra.
- Otro alumno se encarga de calcular el porcentaje a partir de las cifras obtenidas.
- Un último alumno ordena los resultados en el pódium.
-> En 2 o 3 líneas, cada alumno escribe una conclusión del sondeo.

VOCABULARIO

Les pourcentages
- **diez por ciento:** *10 %*
- **el diez por ciento de…:** *10 % de…*
- **la mitad:** *1/2*
- **el cuarto:** *1/4*
- **ocho de cada diez…:** *8 sur 10*
- **el doble:** *le double*

- **un ordenador:** *un ordinateur*
- **la tableta** = la tablet
- **enviar mensajes:** *envoyer des messages*
- **grabar vídeos:** *enregistrer des vidéos*

MÓVIL Y REDES SOCIALES | 73

Unidad 3 — ACTIVIDAD 3

Las redes sociales, ¿buenas o malas?

1 El peligro de las redes sociales

1. Lee el artículo.

2. Contesta a las preguntas.

a. ¿Qué aconseja el especialista a los usuarios de las redes sociales?

b. ¿En qué consiste la suplantación de identidad? ¿Cómo evitarla?

c. ¿Qué pasa si alguien publica en redes sociales mensajes racistas, difamaciones, rumores?

Audio 31

Las redes sociales se han convertido en un medio de comunicación necesario e imprescindible para muchas personas. Utilizamos esos espacios digitales para compartir datos personales y dar informaciones personales sin pensar en el peligro al que nos exponemos.

Erick Iriarte, especialista en Derecho Informático y sociedad de la información, aconseja no usar
5 las redes sociales como diarios personales para publicar fotos comprometedoras, ubicación en tiempo real o añadir a desconocidos porque esos descuidos podrían ocasionarte esos 5 daños.

1. Suplantación de identidad
Uno de esos contactos que no conoces y añadiste puede crear otro perfil igual al tuyo, copiar tus
10 fotos y datos personales con el objetivo de pedirle dinero a tus contactos o estafarlos con tu nombre.

2. Uso indebido de fotos
En el momento que publicas una imagen comprometedora, su propagación escapa
15 de tus manos aunque la borres. Cualquiera puede haberla guardado para usarla en tu contra o alterarla en Photoshop. Incluso pueden chantajearte.

3. Robos de vivienda
20 Es más común en personas que viven solas e informan en tiempo real sobre sus actividades fuera de casa.

4. Problemas para encontrar trabajo
Reclutadores de personal suelen bucear
25 en las redes sociales para buscar más información sobre los candidatos a un puesto laboral […].

5. Problemas legales
La gente no sabe que todo lo que dice
30 en las redes sociales puede tener repercusiones judiciales.

Adaptado de www.trome.pe, 2018

VOCABULARIO

- **la suplantación de identidad:** *l'usurpation d'identité*
- **los datos personales:** *les informations personnelles*
- **la ubicación:** *la localisation*
- **añadir a desconocidos:** *ajouter des inconnus*
- **imprescindible:** *indispensable*
- **estafar:** *escroquer*
- **borrar:** *effacer*
- **bucear:** *plonger*

2 Ventajas e inconvenientes de las redes sociales

En parejas, completad la tabla con las frases siguientes.
Luego, cada uno añade nuevos elementos que le parecen importantes.

- adicción a las redes sociales
- comunicación instantánea
- ciberacoso
- suplantación de identidad
- oportunidades laborales
- reducción de las relaciones humanas
- facilita la búsqueda de información
- información y entretenimiento

Ventajas	Inconvenientes
....	....

3 Gramática

Conjuga los verbos en presente de subjuntivo.

a. Le recomienda que *(mirar)* mi publicación de ayer.
b. Te aconsejo que *(añadir)* solo a personas que conoces.
c. Nos recomiendan que no *(escribir)* nada personales en las redes sociales.
d. Les aconsejo que *(crear)* un perfil profesional para encontrar trabajo.

GRAMÁTICA Le subjonctif présent

Conjugaison des verbes réguliers au subjonctif présent *(presente de subjuntivo)*

HABLAR	COMER	VIVIR
hable	coma	viva
hables	comas	vivas
hable	coma	viva
hablemos	comamos	vivamos
habléis	comáis	viváis
hablen	coman	vivan

Conjugaison de quelques verbes irréguliers au subjonctif présent

SER	PODER	RECOMENDAR
sa	pueda	recomiende
seas	puedas	recomiendes
sea	pueda	recomiende
seamos	puedamos	recomendemos
seáis	puedáis	recomendéis
sean	puedan	recomienden

GRAMÁTICA
Donner des conseils

On utilise les verbes :
- *aconsejar* + *que* + subjonctif présent
- *recomendar* + *que* + subjonctif présent

MÓVIL Y REDES SOCIALES | 75

Unidad 3 — ACTIVIDAD 4

Un mundo de Apps

1. Las Apps más famosas

💬 **1.** En parejas, uno enseña una App a su compañero, el otro dice el nombre de la App en voz alta.

💬 **2.** ¿Para qué sirve cada App?

(WhatsApp) (Skype) (Facebook) (Tweeter) (Snapchat)

(Youtube) (Instagram) (Vimeo)

2. Algunas Apps españolas 👥 EN GRUPO

💬 **1.** Cada grupo elige una App y la asocia a una definición.

💬 **2.** Explica a la clase para qué sirve tu App.

A Wallapop
Propone anuncios para comprar y vender productos de segunda mano en toda España.

B Minube
Es una App para compartir tus viajes. Hay muchas formas de viajar en España y descubrir Madrid, Barcelona, Sevilla, Bilbao, Valencia…

C 21 Buttons
Es una red social dedicada al mundo de la moda: puedes seguir a gente para saber como van vestidos o subir tus fotos de moda.

D Hear Here
Es un juego online en inglés. Sirve para ayudar a distinguir palabras homófonas en inglés.

E AtresPlayer
Es una App que sirve para ver canales de televisión y series.

F Resultados de fútbol
Te permite conocer todos lo resultados de los partidos.

1

2

3

4

5

6

MÓVIL Y REDES SOCIALES | 77

Unidad 3 — ACTIVIDAD 5
Telefonía móvil del futuro

1 Entrevista a la directora de Wiko

 Lee el texto y contesta a las preguntas.

a. ¿De qué trata el texto?
b. ¿Por qué la cámara es necesaria? Justifica tu repuesta.
c. ¿Te gusta el móvil del futuro?

VOCABULARIO
- **almacenar:** *accumuler*
- **augura:** *on prédit*
- **caben:** *tiennent*
- **huellas:** *empreintes*
- **palma de la mano:** *paume de la main*

Teresa Acha-Orbea es la nueva directora general del fabricante de teléfonos móviles Wikomobile para España y Portugal. En una entrevista augura que la telefonía móvil del futuro contará "con pantallas sin límites, superpanorámicas, con formatos 19:9 y cámaras con cada vez más megapíxeles y funciones".

¿Vamos hacia móviles más grandes o más pequeños?
En Wiko vamos hacia pantallas más grandes con bordes más reducidos, pero en teléfonos compactos. Algunos de nuestros modelos ya traen pantallas verdaderamente grandes, que prácticamente cubren los bordes del terminal y caben en la palma de la mano.

¿Qué memoria interna recomiendan que tenga como mínimo el teléfono móvil?
Hoy en día, lo verdaderamente importante es que el terminal ofrezca la posibilidad de incorporar una tarjeta Micro SD que amplíe la memoria, de forma que el espacio interno del terminal no suponga una preocupación para almacenar nuestros documentos, fotos o vídeos.

En cuanto a las cámaras de fotos, ¿qué requisitos mínimos, en su opinión, debería tener el móvil para un cliente medio?
Lo primero en lo que nos fijamos siempre son los megapíxeles, y está bien tomarlos como referencia para empezar. En este sentido, en Wiko disponemos de una amplia variedad de modelos con cámaras con hasta 16MP.

¿Son importantes otras características como el lector de huellas, la resistencia al agua…?
Sin duda, hay características revolucionarias que nos hacen la vida más fácil. Actualmente, todos nosotros contamos con mucha información que se encuentra en nuestros dispositivos y la privacidad es clave para el usuario. Por ello, el lector de huellas y el reconocimiento facial, que permiten desbloquear el teléfono de forma fácil, inmediata y cómoda, son dos funciones muy importantes para proteger la privacidad.

Adaptado de 20minutos.es, 30/07/2018

Proyecto final
A2+ > B1 / EO

> 💬 **A partir de la infografía, debatid sobre el uso de las redes sociales en España** 👥 **EN GRUPO**
>
> **Cada grupo:** elige una aplicación, la presenta y dice para qué sirve; habla de su uso entre los españoles. No olvidéis utilizar los adverbios y los porcentajes.

Evaluación

> ⇢ Exercice **1**, p. 68
>
> **À partir de la vidéo, faites un compte rendu en français (production de 100 à 150 mots) puis répondez en espagnol à un sujet au choix :**
> - Selon vous, écrire en langage SMS empêche d'être bon en orthographe ? Justifiez.
> - Quels sont les modes de communication qui vous semblent les plus efficaces dans votre futur métier ?

MÓVIL Y REDES SOCIALES | 79

Cultura

Los museos españoles más populares...

📖 📝 **Lee las descripciones de los museos y contesta a las preguntas.**

1. ¿Cuál es el museo con más menciones en Instagram?
2. ¿Y la obra de arte con más hashtags?
3. ¿Crees que es importante que un museo utilice las redes sociales?
4. ¿Cuál de estos museos aconsejas a un amigo?
5. **ACTIVIDAD TIC** Entra la cuenta de un museo y escribe un comentario.

... en Instagram

▸ **Museo del Prado, Madrid**

Más que un edificio, El Prado, con **116.547 menciones**, es todo un campus del arte. Lleva ya casi dos siglos conservando y dando a conocer al gran público obras de arte prestigiosas.

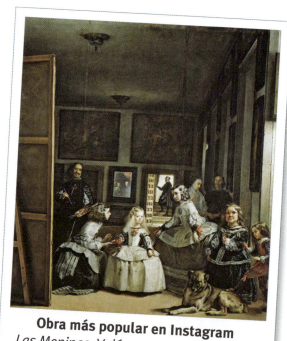

Obra más popular en Instagram
Las Meninas, Velázquez, 1656 (16,414#)

Obra más popular en Instagram
la estatua *Puppy*, en el exterior (1.235#)

▸ **Museo Guggenheim, Bilbao**

El Museo de arte contemporáneo Guggenheim Bilbao, inaugurado en 1997, **103.875 menciones**. El Guggenheim se ha convertido en todo un símbolo de Bilbao, del desarrollo de su economía y de su espíritu vanguardista.

▶ Museo Reina Sofía, Madrid

Inaugurado en 1990, el espacio de arte moderno y contemporáneo de la capital, con **69.799 menciones**, alberga en su colección permanente obras de grandes artistas españoles del siglo XX como Pablo Picasso, Salvador Dalí y Joan Miró.
No es de extrañar, por tanto, que se trate de uno de los museos más visitados de España y del mundo.

Obra más popular en Instagram
Guernica, Picasso, 1937 (68.367#)

... y en Twitter

▶ Museo Thyssen-Bornemisza, Madrid

En sus 25 años de historia, el museo, con **39.610 menciones**. Entre las obras maestras que acoge el Thyssen-Bornemisza se incluyen pinturas de Durero, El Greco, Caravaggio, Rubens, Rembrandt, Degas, Manet, Van Gogh, Gaugin, Cézanne, Dalí y Francis Bacon.

Obra más popular en Instagram
Mujer en el Baño, Roy Lichtenstein (232#)

▶ Museo Dalí, Gerona

El Teatro-Museo Dalí, con **15.546 menciones**. La colección permanente está compuesta por obras legadas por el mismo Dalí al Estado español. Obra más popular en Instagram: la torre esquinada del edificio, coronada por huevos gigantes, es la protagonista indiscutible entre las fotos del museo.

▶ Museo Picasso, Barcelona

El Museo Picasso de Barcelona, con **9.660 menciones**, está dedicado al consagrado pintor malagueño y aloja en su interior a más de cuatro mil obras del artista.

Obra más popular en Instagram
Los retratos de Picasso de D. Duncan (417#)

Unidad 4 — PELÍCULAS Y SERIES

A2+ > B1

Antes de clase

 **Vídeo 07**
Tráiler de *Élite*

Ve el tráiler de la serie española de Netflix.

1. ¿Dónde se sitúa la historia?

2. ¿De qué crees que trata?

 Test

Responde a las preguntas. A continuación, toda la clase pone en común en la pizarra las respuestas. EN GRUPO

¿PELÍCULAS O SERIES?

1 Te gustan más:
- las series
- las películas
- los dibujos animados
- los documentales

2 Tus series preferidas son:
- Narcos
- La Casa de papel
- Élite
- ninguna

3 Prefieres ver películas:
- románticas
- de acción
- comedias
- de terror

4 Prefieres ver las series:
- en versión original sin subtítulos
- en versión original y subtitulada en francés
- en francés

Dans cette unité, tu vas apprendre :

- Verbes *gustar*, *encantar*, *llevar* et *tener*
- *Mientras que*
- Vocabulaire de la description
- Imparfait et futur de l'indicatif
- Connaître les genres cinématographiques
- Étudier un film et une série
- Décrire un personnage

Proyecto final
A2+ > B1 / EE

Presenta una película o una serie que te gusta.

PELÍCULAS Y SERIES | 83

Unidad 4 — ACTIVIDAD 1
Conocer los géneros cinematográficos

1 Diferentes géneros de películas

1. Asocia cada cartel con el género correspondiente:

comedia   policiaco   ciencia ficción   drama   romántico   acción

2. En parejas, cada alumno pregunta a un compañero sus respuestas.

3. ¿Cuál es tu estilo de película preferido? Justifica tu respuesta y da un ejemplo.

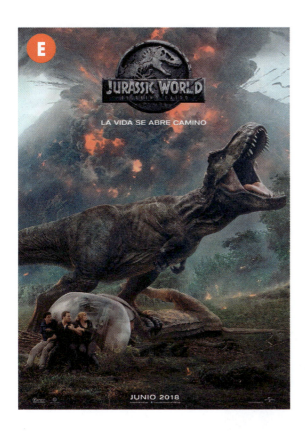

Microtarea

💬 Elige un cartel e imagina lo que pasa en la película a toda la clase.

VOCABULARIO

- **es divertido**: *c'est drôle*
- **hace reír**: *faire rire*
- **es irreal**: *c'est irréel*
- **dar miedo**: *faire peur*
- **es romántico/a**: *c'est romantique*
- **héroe/heroína**: *héros/héroïne*
- **policiaco**: *policier*
- **en blanco y negro**: *en noir et blanc*

GRAMÁTICA
Exprimer ses goûts et ses préférences

Le verbe GUSTAR

→ Me gust<u>a</u> el cine.
→ Me gust<u>an</u> las series

Le verbe ENCANTAR

→ Me encant<u>a</u> la serie La Casa de papel
→ Me encant<u>an</u> las películas de terror.

PELÍCULAS Y SERIES | 85

Unidad 4 — ACTIVIDAD 2
Analizar una película

1. El cartel de *Un monstruo viene a verme*

1. Observa el cartel y escucha la banda sonora de la película.

2. Completa la tabla.
- Título de la película: ....
- Director: ....
- Año: ....
- Protagonistas: ....
- Género: *fantasía, drama*

3. Di qué sentimientos se desprenden de la banda sonora y del cartel.

Vídeo 08 — *Un monstruo viene a verme* (banda sonora)

VOCABULARIO
- **dar pena:** *faire de la peine*
- **la tristeza:** *la tristesse*
- **la alegría:** *la joie*
- **Tengo ganas de ver la película:** *J'ai envie de voir le film.*

2 Sinopsis de la película

 1. Lee la sinopsis y apunta si es verdadero o falso. Justifica tus respuestas.

a. Conor tiene 12 años. ☐ V ☐ F
b. El joven es muy feliz en su escuela y tiene muchos amigos. ☐ V ☐ F
c. La madre de Conor está enferma. ☐ V ☐ F
d. Conor no aguanta su dura vida. ☐ V ☐ F
e. El joven se refugia en un mundo imaginario. ☐ V ☐ F

Un monstruo viene a verme (Juan Antonio Bayona, 2016) nos cuenta la historia de Conor (Lewis MacDougall), un niño de 12 años que vive una situación que le impide llevar una vida 5 normal. Su madre (Felicity Jones) es gravemente enferma y el joven sufre un insoportable acoso escolar. Es por ello que Conor ha construido un mundo de fantasía para poder escapar de la cruda realidad. Sin embargo, este universo 10 cobrará forma un día en un verdadero monstruo (Liam Neeson). A partir de entonces, el joven iniciará una aventura sin precedentes para enfrentarse al dolor.

Adaptado de www.ecartelera.com

VOCABULARIO
- **impide:** *empêche*
- **acoso escolar:** *harcèlement scolaire*
- **cobrará forma:** *prendra forme*

3 Gramática

 1. Conjuga los verbos en futuro.

a. El niño *(poder)* escapar de la realidad.
b. La madre de Conor *(seguir)* enferma.
c. El monstruo *(venir)* a ver al niño.

 2. ¿Te apetece ver la película? Di por qué.

GRAMÁTICA
Le futur de l'indicatif

Infinitif du verbe + terminaisons :
-é, *-ás*, *-á*, *-emos*, *-éis*, *-án*

Quelques irréguliers :

haber → hab**ré**   salir → sal**dré**
hacer → ha**ré**   tener → ten**dré**
poder → po**dré**   venir → ven**dré**

Microtarea

 Redacta la ficha técnica de otra película.

- **Nombre de la película:** ....
- **Director:** ....
- **Actores:** ....

Unidad 4 — ACTIVIDAD 3

Descubrir una serie

1 El cartel de *La Casa de Papel*

Observa el cartel. Completa las casillas con las palabras siguientes:

- la imagen
- el nombre de los actores
- el título
- el logo del canal español
- un subtítulo
- nombre de la producción

La parte superior se compone de:
1. ....
2. ....

La parte central se compone de:
....

La parte inferior se compone de:
1. ....
2. ....
3. ....

2 El tráiler ⋯⋯> Ver **Evaluación**, p. 95

1. Mira el tráiler de *La Casa de Papel* y contesta a las preguntas.

a. Apunta tres cosas que prohíbe el Profesor al grupo.

b. ¿Cómo se llama el edificio que planean robar?

c. Este edificio es:
- ☐ un centro comercial.
- ☐ una empresa donde se fabrican monedas y billetes.
- ☐ un museo con objetos de valor.

d. ¿Qué llevan los atracadores para distinguirse de los rehenes? (3 elementos)

Vídeo 09
El tráiler de la serie

VOCABULARIO
- **un mono rojo**: *une combinaison rouge*
- **un atraco**: *un braquage*
- **los atracadores**: *les braqueurs*
- **la Fábrica Nacional de Moneda y Timbre**: *la Fabrique Nationale de la Monnaie et du Timbre*
- **un disfraz**: *un déguisement*
- **una pistola**: *un pistolet*
- **una metralladora**: *une mitraillette*
- **una máscara**: *un masque*
- **los rehenes**: *les otages*

2. Completa la sinopsis de la serie con las palabras siguientes.

Fábrica Nacional de Moneda y Timbre | atraco | rehenes | serie | máscaras | atracadores | billetes | ciudades

La Casa de Papel es una …… española dirigida por Álex Pina. Trata de mostrar cómo se produce el …… perfecto.
El Profesor y los siete …… se encerraron en 5 la …… con 67 …… para comenzar a producir …… para lograr llevarse más de 2.400 millones de euros.
Para ocultar sus verdaderas identidades los atracadores llevan nombres de …… y usan …… 10 para esconder la cara.

PELÍCULAS Y SERIES | **89**

Unidad 4 — ACTIVIDAD 3

3 Los personajes  EN GRUPO

 Se divide la clase en grupos. Cada uno describe un personaje.
Ejemplo: *Berlín está de pie mientras que Río está sentado.*

① Denver - ② Nairobi - ③ Tokio - ④ Berlín - ⑤ Moscú - ⑥ Helsinki - ⑦ Río - ⑧ Oslo

VOCABULARIO

Las descripciones

- **parte superior:** *partie supérieure*
- **parte inferior:** *partie inférieure*
- **parte central:** *partie centrale*
- **delgado/a:** *mince*
- **gordo/a:** *gros/grosse*
- **alto/a:** *grand/e*
- **bajo/a:** *petit/e*
- **el pelo corto/largo/liso/rizado:** *les cheveux courts/longs/lisses/frisés*
- **un flequillo:** *une frange*
- **la barba:** *la barbe*
- **llevar gafas:** *porter des lunettes*

GRAMÁTICA

Mientras que (alors que / tandis que)

Pour exprimer la différence, l'opposition ou la simultanéité :
→ *La Casa de Papel es una serie mientras que Jurassic World es una película.*

La description physique

Les verbes *tener / llevar* (porter).
→ *Tengo gafas.*
→ *Lleva pantalones.*

90 | UNIDAD 4

4 *Bella Ciao*, la canción del atraco

1. Lee el texto y contesta a las preguntas.

a. La canción *Bella Ciao* es:
- ☐ una invención de la serie *La Casa de papel*.
- ☐ un canto popular partisano italiano.
- ☐ una canción de Maître Gims.

b. ¿Cuál es la meta de esta canción?

c. ¿Cuando aparece esta canción en la serie?

Bella Ciao nació como un canto popular partisano italiano de los grupos resistentes para hacer frente al fascismo durante la II Guerra Mundial.

Esta melodía no es solo una canción, es un lema, un credo que parte como base de una creencia convertida en objetivo: la resistencia.

En *La Casa de Papel*, la canción de Bella Ciao ha sido un hilo conductor de la trama, marcando los momentos más sublimes de la serie, siendo entonada por los protagonistas o como hilo musical durante los momentos en los que la acción reinaba en la Fábrica Nacional de Moneda y Timbre.

Adaptado de www.antena3.com

VOCABULARIO

- **el lema**: *la devise, formule qui caractérise la pensée*
- **el hilo conductor**: *le fil conducteur*
- **la trama**: *la trame, l'intrigue*
- **entonar**: *chanter ensemble (entonner)*
- **la meta** = el objetivo

Microtarea

 Presenta el tráiler de una serie que te guste.

PELÍCULAS Y SERIES | 91

Unidad 4 — ACTIVIDAD 4

Retratar a Pablo Escobar en una serie

1 *Narcos*, una serie sobre Pablo Escobar

Lee el artículo. Contesta a las preguntas.

a. Di cuál es el argumento de la serie *Narcos*.

b. Explica por qué es una serie exitosa. Justifica tu respuesta.

c. Cita los elementos que permiten mostrar que se trata de una historia real.

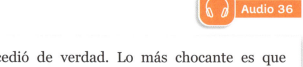
Audio 36

Narcos es una locura, lo tiene todo: violencia, amor, historia y dinero. Pero lo que realmente ha cautivado a los espectadores es que gran parte de lo que vemos en nuestras pantallas 5 sucedió de verdad. Lo más chocante es que *Narcos* triunfa entre todas las nacionalidades del mundo. No es tan extraño que lo haga en Estados Unidos, donde el castellano es el segundo idioma más hablado tras el inglés.

10   Las dos primeras temporadas del *show* se centraron en la figura de Pablo Escobar, en su ascenso y su caída.

Narcos es una apuesta segura de Netflix, han conseguido cautivar al público de todo el 15 mundo mostrando imágenes reales, contando una historia que sucedió y que tuvo muchísima repercusión en su momento, pero que, como todo, parece que hemos olvidado con el paso del tiempo.

20   La última temporada debutó el 1 de septiembre, y solo unos días después se anunció la renovación de la cuarta temporada.

Adaptado de forbes.es

VOCABULARIO

- **cautivar**: *captiver / fasciner*
- **las temporadas**: *les saisons*
- **una apuesta**: *un pari*
- **una locura**: *une folie*

2 La historia de Pablo Escobar

 Lee los textos y contesta a las preguntas siguientes.

a. ¿Cuándo y dónde nace Pablo Escobar?

b. ¿Qué tipo de trabajo hace cuando es joven?

c. ¿Por qué la policía lo persigue?

Su infancia

Pablo Escobar nace en 1949 en Colombia. Era hijo de una familia humilde religiosa, su padre era campesino y su madre, maestra rural. Pablo Escobar era el tercero de siete hermanos.

Desde pequeño tenía ganas de obtener dinero propio. Trabajaba lavando coches, vendiendo en los mercados. De adolescente se asoció con su primo Gustavo. Se convirtió más tarde en su mano derecha para iniciarse en las actividades delictivas como el contrabando y luego con la venta de droga. En 1976, se formó el cártel de Medellín que dirigía Pablo Escobar. Creaba sus propios laboratorios para la producción de cocaína.

Vida familiar y política

A los 25 años, se casó con Victoria Eugenia Henao, tata, con la que tuvo dos hijos, Juan Pablo y Manuel. Pero Pablo Escobar tenía una relación sentimental con la periodista Virginia Vallejo que duró varios años.

En 1982, con 32 años se lanzó en la política y hacía buenas acciones para tapar su negocio sucio y mejorar su imagen. Pero no era suficiente, en 1983 el Ministerio de Justicia lo acusaba de narcotráfico, así terminó su carrera política. Pablo Escobar volvió a su negocio ilegal pero poco después fue detenido. Decidió él mismo crear su propia cárcel cómoda "La Catedral". Un día se fugó y la DEA (administración para el control de drogas) y el gobierno decidieron capturarlo.

En 1993, después de haber cumplido sus 44 años, fue abatido en su casa en Medellín.

Adaptado de www.biografiasyvidas.com

3 Gramática

 Conjuga los verbos en pretérito imperfecto.

a. El gobierno *(querer)* capturar a Pablo Escobar.

b. A la mujer de Pablo Escobar la *(llamar)* Tata.

c. Pablo Escobar *(ser)* el jefe del cártel de Medellín.

GRAMÁTICA
L'imparfait de l'indicatif

HABLAR	COMER	VIVIR
hablaba	comía	vivía
hablabas	comías	vivías
hablaba	comía	vivía
hablábamos	comíamos	vivíamos
hablabais	comíais	vivíais
hablaban	comían	vivían

Attention aux trois verbes irréguliers :

ser → era   ver → veía   ir → iba

Microtarea

 Describe el personaje de tu serie favorita.

Unidad 4 — ACTIVIDAD 5

Un éxito en Netflix

1 *La Casa de las Flores*, una serie mejicana

1. Lee el texto y contesta a las preguntas.

a. ¿De qué habla el texto?
b. ¿Cuál es el título de la serie?
c. ¿Por qué tiene tanto éxito?

Audio 38

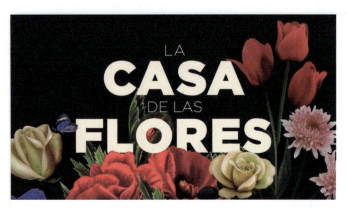

***La Casa de las Flores*, un éxito en Neflix: la serie ha cautivado a millones.**

El nuevo programa de la plataforma de streaming, el cual muchos creen que es como una novela, toca temas muy relevantes en la actualidad como el racismo, la monogamia, la orientación sexual, la doble moral, entre otros.

La Casa de las Flores inicia con el suicidio de la amante de Ernesto de la Mora, quien se ahorca en la fiesta de cumpleaños de éste.

A partir de ese hecho se comienzan a destapar los secretos más oscuros de una familia que busca mantener ante la sociedad su imagen de perfección.

Virginia de la Mora enfrenta circunstancias que la llevan a aceptar a su familia y defenderla ante la sociedad que sólo busca defectos para criticarla.

Otro de los personajes que más enamoró al público fue sin duda el de Paulina de la Mora, la consentida de Ernesto, quien realmente no es su verdadero padre.

Paulina se hizo tendencia por su peculiar y pausada manera de hablar.

Pero no todo es color de rosa en la vida de Paulina, quien desesperadamente intenta mantener la imagen de perfección de su familia y al mismo tiempo lucha contra su pasado (…).

A diferencia de las novelas tradicionales, esta serie no tiene villanos ni heroínas, sólo tiene personajes que aunque poseen muchas virtudes también tienen defectos y luchan por mantenerse de pie cada día de su vida.

Adaptado de abcnoticias.com, D. Tienda, 16/08/2018.

VOCABULARIO

- **cautivar**: *captiver*
- **ahorcarse**: *se pendre*
- **destapar**: *découvrir*
- **consentida**: *préférée*
- **peculiar**: *particulier*
- **villanos**: *vilains, méchants*

Proyecto final

A2+ > B1 / EE

 Presenta una película o una serie que gusta.

Tu devras :

1. **décrire l'affiche** du film ou de la série ;

2. **présenter ton personnage préféré** en le décrivant physiquement et moralement ;

1. **faire un résumé** du film ou de la série ;

2. **illustrer** ta présentation.

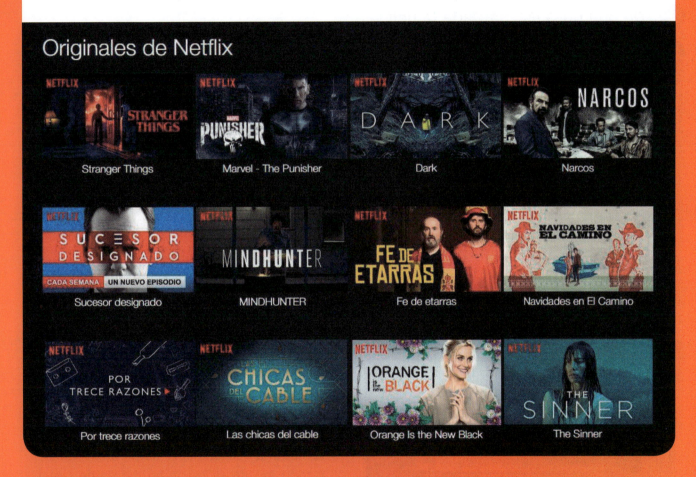

Evaluación

 Exercice 3, p. 90

À partir de la vidéo, faites un compte rendu en français (production de 100 à 150 mots) puis répondez en espagnol à un sujet au choix :

1. Est-ce un avantage de regarder une série ou un film en version originale (VO) ? Justifiez votre réponse.

2. Si vous aviez de l'argent, que souhaiteriez-vous améliorer dans votre futur métier ou votre future entreprise ?

Una película con dos premios Goya: *Palmeras en la nieve*

Lee el texto y contesta a las preguntas.

1. ¿Quién es el director de esta película?
2. ¿De qué obra es adaptada la película?
3. ¿Qué premios obtuvieron en 2019?

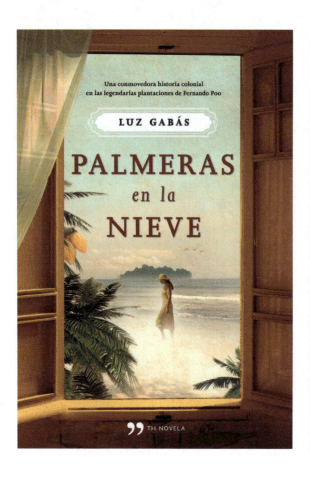

La película

Es adaptada de un best-seller, *Palmeras en la nieve,* de la autora Luz Gabás, quien publicó la novela en 2012. Es una novela de mucho éxito, con una historia que engancha
5 desde el primer momento. En 2019, obtuvo dos premios en los Goya*: mejor dirección artística y mejor canción original.

Sinopsis

La película narra la historia de Kilian (Mario Casas), un joven que inicia un largo
10 viaje hasta Fernando Poo (la actual Bioko, isla de Guinea frente a África). Su sobrina Clarence (Adriana Ugarte), años más tarde, descubrirá una carta escondida que le revelará la verdad sobre su pasado familiar
15 y todo lo que se escondió detrás de aquel viaje a la antigua Guinea Española.

---
* Los premios Goya son como los premios César en Francia que recompensan al mundo cinematográfico.

VOCABULARIO

- **palmeras:** *palmiers*
- **engancha:** *accroche, rend accro*
- **escondida:** *cachées*

Vídeo 10
Palmeras en la nieve (videoclip oficial)

Lee la letra de la canción. Completa con las palabras que faltan.

palmeras   recuerdos   viento   tiempo   porvenir

papel   mar   sueño

Palmeras en la nieve

Trozos de papel, se pierden en la ......,
...... que les lleva, rumbo al azar.
Qué blanco es el ayer, qué triste el ......,
lleno de preguntas, que no llegan a su fin.

Quién dirige el aire, quién rompe las hojas
De aquellas ...... que lloran.
Quién maneja el ......, que pierden a solas.
Quién teje las redes que les ahogan.

Navega en el dolor, un barco sin timón
llevando los ...... de la vida que dejó.
El cielo verde y gris, la nieve de marfil,
cae sobre el ......, que una vez pudo vivir.

Pero quién dirige el aire, quién rompe las hojas
De aquellas palmeras que lloran.
Quién maneja el tiempo, que pierden a solas.
Quién teje las redes que les ahogan.

© Lucas Vidal © Warner Music Spain

Unidad 5 — A2+ > B1
CÓDIGO DE TRÁFICO

Antes de clase

 **Vídeo 11**
La velocidad de Europa

Ve el vídeo de la Dirección General de Tráfico "La velocidad de Europa".

Cita los límites de velocidad para los cuatros países europeos de los que se habla.

Quiz

Responde a las preguntas. A continuación, toda la clase pone en común en la pizarra las respuestas. **EN GRUPO**

¿QUÉ SABES DEL CÓDIGO DE TRÁFICO?

1 ¿Qué es indispensable para ir seguro/a en moto?
- ☐ usar gafas de sol
- ☐ usar guantes
- ☐ usar casco

2 ¿Cuál es la parte más segura para cruzar la calle?
- ☐ el paso de cebra
- ☐ ningún sitio
- ☐ la acera

3 ¿Qué nos prohíbe esta señal 🚫?
- ☐ la entrada
- ☐ no prohíbe nada, anuncia un control de aduana
- ☐ circular en los dos sentidos

4 ¿Qué forma tienen las señales de peligro?
- ☐ rectangular
- ☐ circular
- ☐ triangular

Dans cette unité, tu vas apprendre :
- L'obligation personnelle et impersonnelle
- L'impératif
- L'enclise
- Les pronoms
- Les panneaux de signalisation
- Les normes de sécurité
- Vocabulaire du code de la route

Proyecto final
A2+ > B1 / EE

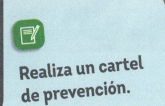
Realiza un cartel de prevención.

CÓDIGO DE TRÁFICO | 99

Unidad 5 — ACTIVIDAD 1
Descubrir las señales de tráfico

1 | El tráfico

1. Observa las señales de tráfico y di si indican:

peligro | prohibición | obligación | indicación

2. En parejas: uno elige una imagen, el otro la asocia con las expresiones y construye una frase utilizando "Hay que… / No hay que…", según el modelo:

La foto indica que…

girar a la derecha | ceder el paso | parar | ir de prisa

1

2

3

4

GRAMÁTICA L'obligation impersonnelle

- *Hay que* + **infinitif**: il faut + infinitif
- *Es necesario* + **infinitif** : il faut + infinitif

→ *Hay que* / *Es necesario* esperar el semáforo verde.

100 | UNIDAD 5

3. Completa cada frase utilizando la obligación impersonal y dila en voz alta.

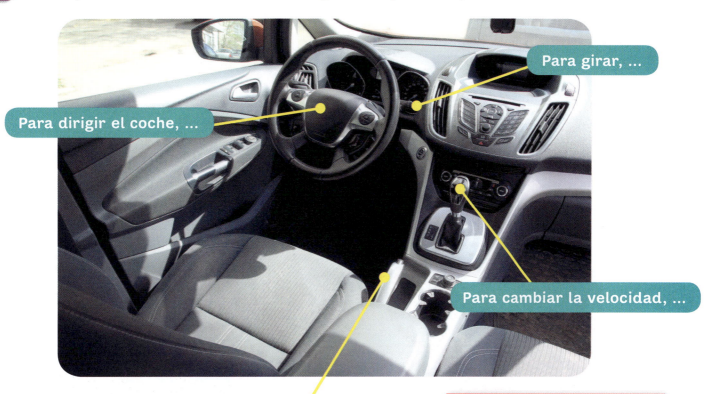

Para dirigir el coche, …

Para girar, …

Para cambiar la velocidad, …

Para aparcar el coche, …

VOCABULARIO

- **utilizar**: *utiliser*
- **los frenos**: *les freins*
- **el embrague**: *l'embrayage*
- **el intermitente**: *le clignotant*
- **el freno de mano**: *le frein à main*

4. Une cada término con su traducción.

El código de circulación •   • *Le permis de conduire*
Las prácticas •   • *Le code de la route*
El permiso de conducción •   • *Les cours de conduite*
La autoescuela •   • *Les erreurs*
El examinador •   • *L'auto-école*
Los fallos •   • *La voiture*
El coche •   • *L'examinateur*

Microtarea

EN GRUPO Buscad en Internet señales de tráfico y explicad qué indican. Luego haced un documento conjunto y exponedlo en el tablón de anuncios de la clase.

Unidad 5 — ACTIVIDAD 2
Respetar las normas de seguridad

1 Consejos para una conducción segura

1. Escucha el audio y contesta a las preguntas.

a. ¿Si estás cansado, que debes hacer?
b. Cita las distracciones que debes evitar.
c. Si bebes antes de conducir, ¿qué tienes que decidir?
d. Asocia cada imagen a una frase del audio.

A. ....

B. ....

C. ....

D. ....

Audio 40

GRAMÁTICA — *L'obligation personnelle*

- *Tener que* + **infinitif**: devoir + infinitif
- *Deber* + **infinitif**: devoir + infinitif
→ Los conductores <u>tienen que</u>/<u>deben</u> respetar las normas de seguridad.

---

2. En parejas: uno elige una situación y el otro contesta utilizando una expresión de obligación.

Ejemplo: *Tengo sueño: <u>no debo conducir</u> / <u>tengo que parar el coche</u>.*

a. Laura no quiere ponerse el cinturón de seguridad.
b. Mis amigos y yo estamos en la discoteca.
c. Estoy en mi coche y recibo un SMS.
d. Pablo me llama por teléfono.
e. Quiero maquillarme en el coche.

VOCABULARIO

- **la velocidad**: *la vitesse*
- **somnoliento/a**: *somnolent/e*
- **el cinturón de seguridad**: *la ceinture de securité*
- **parar**: *arrêter*
- **coger el teléfono**: *répondre au téléphone*
- **soltar el volante**: *lâcher le volant*
- **beber alcohol**: *boire de l'alcool*
- **el cansancio**: *la fatigue*
- **abrocharse el cinturón**: *mettre sa ceinture*

2 Piqué: las consecuencias de conducir sin carnet

Lee el texto. Contesta a las preguntas.

a. ¿Qué le ha pasado al jugador del FC Barcelona?
b. Después de la sanción administrativa, ¿Piqué ha podido conducir de nuevo?
c. ¿Cuáles son las consecuencias de este delito?

Audio 41

El jugador del FC Barcelona, Gerard Piqué, que este viernes ha sido denunciado por la Guardia Urbana de Barcelona por conducir sin puntos en su carnet, se
5 arriesga a una infracción económica o a una pena de prisión. El coche del jugador ha sido inmovilizado.

Según el artículo 384 del Código Penal la conducta de conducir un vehículo sin permiso está castigada con pena
10 de prisión, multa o trabajos en beneficio de la comunidad.

La pena de prisión es de tres a seis meses y la multa o trabajos en beneficio de la comunidad de 31 a 90 días. La multa puede ascender a un máximo de 6.000 euros.

Adaptado de www.sport.es

VOCABULARIO
- **carnet/permiso por puntos:** *permis à points*
- **delito:** *délit*
- **multa:** *amende*
- **castigar:** *punir*
- **trabajos en beneficio de la comunidad:** *travaux d'intérêt général*

3 Becas para obtener el carnet de conducir

Lee el texto y contesta.

a. ¿De qué habla el texto?
b. Cita las características para acceder a la beca.
c. ¿Qué deben hacer para tener el carnet de conducir?

Audio 42

Fundación Mapfre ha lanzado una convocatoria de quince becas, de 500 euros cada una, destinadas a que jóvenes en situación de
5 desempleo obtengan el permiso de conducir de la clase B o superior, según ha informado la fundación. Para poder acceder a estas ayudas, las personas
10 interesadas deben tener entre 18 y 29 años inclusive, estar en situación legal de desempleo en España y pertenecer a una familia con escasos recursos. Tendrán
15 que realizar un curso on-line de formación en seguridad vial y conseguir la mejor puntuación posible.

Adaptado de europapress.es, 2018.

VOCABULARIO
- **convocatoria:** *convocation*
- **beca:** *bourse*
- **desempleo:** *chômage*
- **escasos recursos:** *peu de ressources*
- **seguridad vial:** *sécurité routière*

CÓDIGO DE TRÁFICO | **103**

Unidad 5 — ACTIVIDAD 2

4 "Abróchate a la vida"

Observa el documento. Contesta a las preguntas.

a. ¿De qué tipo de documento se trata?
- ☐ Una campaña de sensibilización para el uso del casco.
- ☐ Una campaña de sensibilización para el uso del coche.
- ☐ Una campaña de sensibilización para el uso del cinturón.

b. ¿Quién ha lanzado esta campaña?

c. ¿Por qué abrocharse el cinturón de seguridad es importante? Justifica tu respuesta.

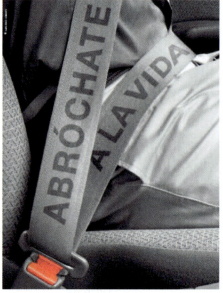

Dirección General de Tráfico, Ministerio de Interior, España.

5 Gramática

Completa cada frase imitando el modelo.

Ejemplo: *Abrocharse (tú) el cinturón.* → *Abróchatelo.*

- cerrar *(tú)* las ventanillas → …
- ponerse *(tú)* los guantes → …
- usar *(tú)* el casco → …

GRAMÁTICA
L'impératif des verbes réguliers

- *tú* : 3ᵉ personne du singulier du présent de l'indicatif
  → *habla / come / vive*
- *vosotros/as* : remplacer le –*r* de l'infinitif par un –*d*
  → *hablad / comed / vivid*
- Pour *usted*, *nosotros* et *ustedes* :
  → mettre le subjonctif présent.

Quelques impératifs irréguliers.
Seuls 8 verbes ont un impératif irrégulier à la 2ᵉ personne du singulier :

poner → pon	salir → sal	venir → ven
ir → ve	hacer → haz	tener → ten
decir → di	saber → sé	

L'impératif négatif

- *No* + subjonctif
  → *¡No cruces la calle!* (Ne traverse pas la rue !)

GRAMÁTICA L'enclise des pronoms

À l'infinitif, à l'impératif et au subjonctif, les pronoms personnels (directs, indirects et réfléchis) se soudent à la fin du verbe conjugué.

- **Infinitif** : *Tienes que abrocharte el cinturón.*
  → *Tienes que abrochártelo.*
- **Gérondif** : *conduciendo el coche.*
  → *conduciéndolo.*
- **Impératif positif** : *Pónte el casco.*
  → *Póntelo.*

Pronoms		
Directs	indirects	réfléchi
me	me	
te	te	
lo, la	le	se
nos	nos	
os	os	
los/las	les	se

Proyecto final

A2+ > B1 / EE

Realiza un cartel de prevención.

Tu devras :

1. **choisir un thème** en relation avec la sécurité routière (l'alcool au volant / le port du casque / la ceinture de sécurité) ;

2. **illustrer ton affiche** (dessin ou photo) ;

3. **créer un message court** avec l'obligation personnelle ou impersonnelle + une enclise ;

4. **donner des informations** complémentaires.

Evaluación

⇢ Exercice **2**, p. 103

À partir de l'audio, faites un compte rendu en français (100 à 150 mots), puis répondez en espagnol à un sujet au choix :

1. Pourquoi est-il dangereux de conduire avec un permis sans point ?
2. Avoir le permis de conduire est-il important dans votre futur métier ?

Un mundo sin coches

Ved los vídeos y debatid sobre un mundo sin coches para vivir mejor. **EN GRUPO**

Reducción de tráfico en le centro de Madrid

La plaza de España, la Gran Vía, las rondas y los bulevares, el paseo de la Castellana, la calle de Alcalá, Doctor Esquerdo… han amanecido casi sin
5 coches este viernes. "Parece que han desaparecido de la ciudad", afirma "muy sorprendida" Marta Alonso, subdirectora general de la Regulación de la Circulación del Ayuntamiento de
10 Madrid.

El Ayuntamiento ha observado entre las siete de la mañana y las siete de la tarde una reducción en la intensidad del tráfico variable.

15 En las calles se ven sobre todo taxis, vehículos de transporte compartido, de reparto de mercancías y autobuses. "Esto demuestra que la circulación en el centro no es de los residentes", señala
20 Alonso.

"Estamos contentos y sorprendidos", dice Alonso. Los madrileños están bien informados y son cívicos.

Adaptado de *El País*, 01/12/2018.

VOCABULARIO

- **amanecer**: *se réveiller*
- **ayuntamiento**: *mairie*
- **compartido**: *partagé*
- **reparto de mercancías** : *distribution de marchandises*
- **residentes**: *résidents*

 **Vídeo 13 — Pontevedra sin coches**

Pontevedra piensa en sus peatones

 Audio 44

Tras dos décadas limitando el tráfico, Pontevedra se ha convertido en la urbe española más peatonalizada y que más ha reducido su contaminación
5 atmosférica.

Por la sexta ciudad de Galicia no circulan muchos coches pero sí un dicho: "Si un conductor pita, es que no es de Pontevedra". Esta máxima refleja
10 la plácida e insólita convivencia entre peatones y vehículos que ha logrado esta urbe atlántica de casi 85.000 habitantes en los últimos 20 años. A finales de los noventa era una jungla
15 más de ruido y humos, atascos, doble fila. Hoy la calidad del aire que respiran sus vecinos cumple los niveles exigidos por la Organización Mundial de la Salud (OMS), más estrictos que los de la Unión
20 Europea (UE).

La velocidad máxima en toda la ciudad es de 30 o 20 kilómetros por hora.

Al contrario de lo que se podría pensar a simple vista, estas medidas
25 han dado fluidez al tráfico y la velocidad media a la que transitan los coches es mayor.

Adaptado de *El País*, Sonia Vizoso, 22/06/2018

Pontevedra se ubica en el noroeste de la comunidad autónoma de Galicia. Es una ciudad turística con un centro histórico muy bonito.

VOCABULARIO

- **pitar**: *klaxonner*
- **logrado**: *arrivé, parvenu*
- **urbe** = ciudad
- **ruido**: *bruit*
- **humos**: *fumées*
- **atascos**: *embouteillages*

CÓDIGO DE TRÁFICO

Unidad 6 — CONTRA EL ACOSO ESCOLAR

A2+ > B1

Antes de clase

Vídeo 14
Campaña contra el acoso escolar, UNICEF

Ve el vídeo.
¿Qué solución se propone para luchar contra ese problema?

VOCABULARIO
- vos = tú
- sos = eres
- contención = protección

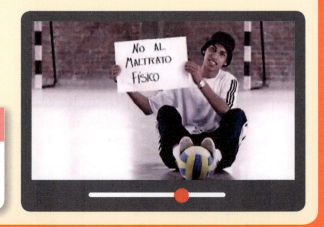

Quiz

💬 Responde a las preguntas. A continuación, toda la clase pone en común en la pizarra las respuestas.

¿QUÉ SABES DEL ACOSO ESCOLAR?

1 La persona acosada es:
- ☐ el testigo
- ☐ el agresor
- ☐ la víctima

2 La persona que molesta continuamente a su compañero/a es:
- ☐ el testigo
- ☐ el agresor
- ☐ la víctima

3 ¿Cuáles son las consecuencias si una persona sufre acoso?
- ☐ No tiene consecuencias.
- ☐ No habla, siente miedo y no quiere ir al cole.
- ☐ Se siente bien y feliz.

4 ¿Qué puede hacer un alumno para frenar el acoso escolar?
- ☐ Quedarse callado y mirar al otro lado.
- ☐ Decirle al agresor que pare.
- ☐ Hablar con un profesor o con un adulto para denunciar al acosador

---

Dans cette unité, tu vas apprendre :

- *Quizás* + subjonctif (Formuler une hypothèse)
- *No* + subjonctif (L'impératif négatif)
- Découvrir et lutter contre le harcèlement scolaire
- Appeler à la solidarité
- Vocabulaire du harcèlement

Proyecto final
A2+ > B1 / EO

  EN GRUPO

Creamos un vídeo para luchar contra el acoso escolar.

CONTRA EL ACOSO ESCOLAR | 109

Unidad 6 — ACTIVIDAD 1

Detectar el acoso escolar

1 ¿Qué és el "bullying"?

Explica el mensaje del cartel con los elementos de su composición (foto, palabras...).

a. Da una definición del "bullying".

b. Di si es un delito o no. Apóyate en el cartel para explicarlo.

c. ¿Cómo reaccionan las víctimas frente al acoso escolar?

> **VOCABULARIO**
> - **bullying** = acoso escolar
> - **aún**: *encore*
> - **acosar**: *harceler*
> - **una amenaza**: *une menace*
> - **hacer chantaje**: *faire du chantage*
> - **hacer daño**: *faire mal*
> - **sospechoso/a**: *suspect/e*
> - **la cárcel**: *la prison*

2 Luchar contra el acoso escolar  EN GRUPO

1. Formad tres grupos. Cada uno analiza y describe el dibujo rellenando el texto con las palabras siguientes.

| acoso escolar | blanco | los ojos vendados | inquieto | un joven |
| se burlan de | ayudar | alegre | ayudan | burlones | dibujo |

2. Haced hipótesis para explicar por qué el chico es víctima de acoso.
Ejemplo: *Es posible que los alumnos... / Quizás sus compañeros... / Es probable que el joven...*

Introducción: este documento es un ...... en ...... y negro que trata del tema del .... La escena pasa en los pasillos de un instituto.

En el centro, ... llama la atención, porque está triste y resalta en amarillo. Notamos que no parece ...... sino ...... y totalmente solo. Está mirándonos, quizás pida ayuda.

A la izquierda, vemos un grupo de alumnos: dos chicos y una chica que ...... él y lo señalan con el dedo. Parecen malintencionados, malvados y ....

A la derecha del dibujo, varios alumnos asisten a la escena pero llevan ...... lo que quiere mostrar que no ven lo que está pasando y no ...... a su compañero. Sin embargo, en el lado derecho, destaca un chico que está quitándose la venda. Quizás vaya a ...... al chico.

VOCABULARIO

- **los pasillos:** *les couloirs*
- **resaltar:** *se démarquer*
- **llamar la atención:** *attirer l'attention*
- **señalar con el dedo:** *montrer du doigt*
- **burlones:** *moqueurs*
- **malvados:** *méchants*
- **burlarse de:** *se moquer de*
- **ayudar:** *aider*
- **los cómplices:** *les complices*
- **los ojos vendados:** *les yeux bandés*

GRAMÁTICA
Formuler une hypothèse

On emploie l'adverbe *quizás* + verbe au subjonctif.
Il existe d'autres synonymes : *acaso, quizá, tal vez*.

→ *Quizás el chico acose a su compañero de clase.*

HABLAR	COMER	VIVIR
hable	coma	viva
hables	comas	vivas
hable	coma	viva
hablemos	comamos	vivamos
habléis	comáis	viváis
hablen	coman	vivan

Microtarea

Debate.  **EN GRUPO**

- ¿Quiénes son las víctimas del acoso general?
- ¿Qué experimentan esas víctimas?
- ¿Cómo ayudarlas?

Unidad 6 — ACTIVIDAD 2
Llamar a la solidaridad

1 Día internacional contra el acoso escolar

Lee los documentos y contesta a las preguntas.

a. ¿De qué habla el texto?

b. ¿Quién es víctima de acoso?

c. A partir de las cifras, di si es frecuente en España. Justifica tu respuesta.

El bullying es cosa de todos

El acoso escolar es un tema realmente serio que afecta no solo a los niños y adolescentes en el colegio, también fuera de las aulas, en las redes sociales, en las actividades extraescolares, en los amigos, en el
5 barrio, y que en algunas ocasiones tiene un desenlace fatal.

Para esta edición de 2018 y conmemorar el Día Internacional Contra el Acoso Escolar, se ha lanzado la campaña "Se buscan héroes y heroínas sin antifaz"
10 para sensibilizar a toda la comunidad educativa sobre la importancia de la prevención y detección del bullying y el ciberbullying.

Adaptado de as.com, 02/05/2018.

Las cifras del acoso escolar en España

- 1 de cada 3 alumnos **ha visto acoso escolar** en las clases.

- 2.3 niños por clase (una media de 25) **han sido acosados**.

- El 80 % de los niños creen que los compañerosv son **claves para evitar el acoso**.

- El 85 % del acoso escolar se basa en **insultos y agresiones físicas**.

VOCABULARIO

- **desenlace**: *dénouement*
- **los compañeros son claves**: *les camarades ont un rôle décisif*

2 "Se buscan héroes y heroínas sin antifaz"

 1. Observa el cartel y descríbelo a un compañero.

 2. Di quiénes son los héroes.

3. Según tú, ¿para qué sirve el número de teléfono? Justifica tu respuesta.

Campaña del Ministerio de Educación, Cutura y Deporte, 2018

VOCABULARIO
- **un antifaz:** *un masque*
- **sin:** *sans*

3 Gramática

Conjuga los verbos en imperativo negativo.

a. ¡No *(dejarse, tú)* acosar!

b. ¡No *(tener, tú)* miedo!

c. ¡No *(aceptar, tú)* el silencio!

GRAMÁTICA
L'impératif négatif
- *No* + subjonctif
→ ¡*No* te *calles*! (Ne te tais pas !)

Microtarea

 **EN GRUPO**

En grupos, elaborad una lista de consejos para ayudar contra el acoso escolar.

Unidad 6 — ACTIVIDAD 2

4. Un ejemplo de solidaridad

1. Ve el vídeo y lee el comentario.

2. Luego contesta a las preguntas.

a. ¿De qué trata el vídeo? ¿Cuál es el tema?
b. ¿Quién es Mateo? ¿Qué le pasó?
c. Según tú, ¿cómo se puede borrar el miedo?

Vídeo 15 — La historia de Mateo

VOCABULARIO

- **la piel:** *la peau*
- **invencible:** *invincible*
- **un chivato:** *un rapporteur*
- **un mediador:** *un médiateur*
- **valiente:** *courageux*
- **borrar:** *gommer, effacer*
- **el miedo:** *la peur*

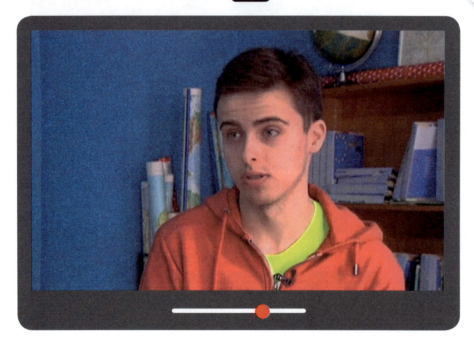

Audio 47

Miles de niños sufren en su piel el acoso escolar: una exclusión silenciosa, una humillación constante y un terror invencible. La mitad asegura haber sido insultado y uno de cada cuatro ha sufrido golpes físicos, según datos de la
5 organización "Save the Children".

Es la historia de Mateo, un adolescente acosado durante meses reconvertido ahora en mediador como sus compañeras. Ejemplos de que cada vez se encuentran más valientes.
10 Porque se ha pasado del pacto de silencio del chivato al valiente que denuncia a gritos una situación injusta. Compañeros, profesores y padres también deben ayudar a borrar de la escuela el miedo.

Adaptado de ABC, 02/05/2018.

Proyecto final

A2+ > B1 / EE

 Creamos un vídeo para luchar contra el acoso.

Tu devras :

1. **choisir** ta cible, c'est-à-dire à qui s'adresse ta vidéo :
   - la victime,
   - les témoins,
   - le(s) personnes qui harcèlent.
2. **inventer** un slogan en utilisant *no* + **subjonctif** ;
3. **te filmer** avec un téléphone portable.

Evaluación

⤳ Antes de clase, p. 108

À partir de la vidéo, faites un compte rendu en français (100 à 150 mots), puis répondez en espagnol à un sujet au choix :

1. Comment pouvez-vous lutter contre le harcèlement scolaire ?
2. Dans le cadre de votre futur métier, quelles sont les conditions qui permettent une bonne ambiance et d'éviter le harcèlement scolaire ?
   Justifiez votre réponse.

El arte para luchar contra el acoso escolar

▶ Una canción

📝 Ve el vídeo y escucha la letra la canción.
Luego, completa las primeras frases con los verbos en subjuntivo o imperativo.

Se buscan valientes, El Langui

> Se buscan valientes que ...... (*expresar*) lo que sienten.
>
> Se buscan valientes que ...... (*apoyar*) y ...... (*defender*) al débil.
>
> Tu eres importante, tu sabes lo que pasa ...... (*no mirar*) a otro lado.
>
> ...... (*no tenerle*) miedo al malo.

▶ Una serie 👥 EN GRUPO

💬 Debatid sobre el tema de esta serie.

Por trece razones es una serie de Netflix (2018), basada en el libro de Jay Asher. Cuenta la historia de Hanna Baker, una adolescente de 17 años que sufre bullying y decide quitarse la vida.

Una película

 Observa el cartel y describe la escena. ¿Qué opinas?

 Imaginad una obra artística para luchar contra el acoso escolar.

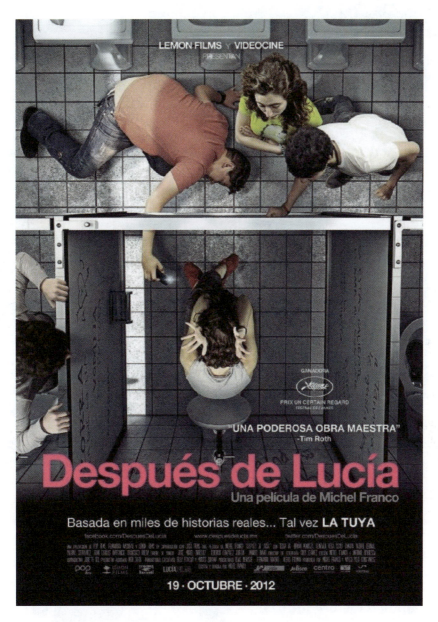

La película *Después de Lucía*, de Michel Franco (2012), cuenta la historia de Alejandra, una joven que se muda con su padre a México. Empezará a tener problemas en su nuevo colegio. Forma parte de una de las mejores películas que denuncian el acoso escolar.

Unidad 7 — A2+ > B1
GITANOS

Antes de clase

 Vídeo 17
El tatuaje que más duele

Ve el vídeo y responde a las preguntas.

1. ¿Cómo se titula el vídeo? ¿Con qué fin se grabó?

2. ¿Quiénes apoyaron esa campaña?

3. Da tu opinión sobre la frase del vídeo "el prejuicio puede ser el tatuaje que más duele".

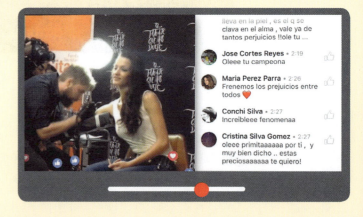

Responde a las preguntas. A continuación, toda la clase pone en común en la pizarra las respuestas. **EN GRUPO**

¿QUÉ SABES DEL PUEBLO GITANO?

1 La comunidad gitana proviene:
- de Andalucía
- de América
- de la India

2 En España los gitanos son:
- víctimas de estereotipos
- todos comerciantes
- todos cantantes

3 ¿Cuál de estos artistas españoles tiene orígenes gitanos?
- Kendji Jirac
- Amir
- Soprano

4 El flamenco es:
- un plato
- una flor
- un baile

Dans cette unité, tu vas apprendre :
- Le vocabulaire du flamenco
- *Querer que* + subjonctif
- Découvrir le peuple gitan et sa culture

Proyecto final
A2+ > B1 / EE

Imagina un texto a partir de la historia de Samara para terminar con los prejuicios.

Unidad 7 — ACTIVIDAD 1

Descubrir el pueblo gitano y su historia

1 El pueblo gitano

Lee el texto y contesta a las preguntas.

a. ¿De dónde vienen los gitanos?

b. ¿Cuándo llegaron a España?

c. ¿Cómo se considera a los gitanos?

d. Cita los tipos de persecuciones que sufren a lo largo de la historia.

Su origen está en el norte de la India. Migraron hace más de 1500 años. Llegaron a España hace 900 años. Muy pronto fueron vistos y considerados como un pueblo marginal, tratados como ladrones, invasores y vagabundos. A partir de ahí, fueron víctimas de numerosas persecuciones: esclavitud en la Edad Media, víctimas del holocausto nazi u otras formas de racismo moderno.

A pesar de las persecuciones, se han establecido como un grupo de población con una cultura.

La palabra gitano proviene de "egipcianos", así se llamaba a los primeros gitanos llegados a España. Rom es el nombre que designa a los gitanos en lengua gitana – el romanés – y significa "hombre". En España, se usa el término "romani".

www.gitanos.org

VOCABULARIO
- ladrones: *voleurs*
- invasores: *envahisseurs*

2 Bailando flamenco

1. Observa el cuadro y contesta a las preguntas.

a. Describe el cuadro: personas, ropa, acción…

b. ¿Dónde tiene lugar el baile? ¿Qué podemos deducir de la situación de los gitanos en aquella época?

c. ¿De qué tipo de baile se trata? ¿Es un arte gitano o español?

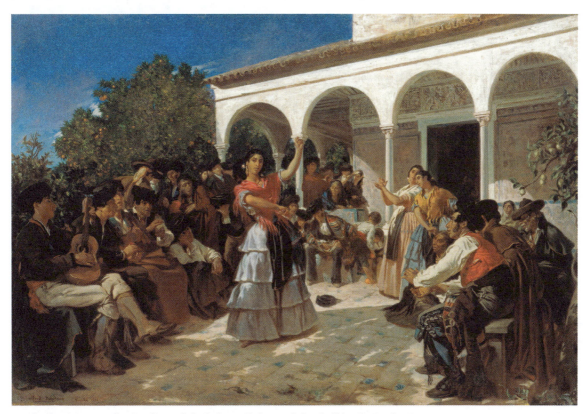

Un baile gitano en los jardines del Alcázar, delante del pabellón de Carlos V, 1851, Alfred Dehodencq.

2. Ve el vídeo y asocia cada sonido con un elemento del cuadro.

Vídeo 18 — Un baile

a. Las palmas - **b.** Tocar la guitarra - **c.** El zapateado

3. ¿Conoces el flamenco? ¿Te gusta? Justifica tu respuesta.

VOCABULARIO

- **un baile:** *une danse*
- **bailar:** *danser*
- **el alcázar:** *la forteresse*
- **el pabellón:** *le pavillon*
- **tocar la guitarra:** *jouer de la guitare*
- **el mantón:** *le châle*

Unidad 7 — ACTIVIDAD 2

Gitanos contra la discriminación

1 Niños gitanos contra la RAE ⟶ Ver **Evaluación**, p. 125

1. Ve el vídeo y contesta a las preguntas.

Vídeo 19
#Yo no soy trapacero

a. ¿Cuántos niños aparecen?
☐ 5   ☐ 10   ☐ 7

b. ¿Son todos niños gitanos?
☐ Sí   ☐ No

c. Al principio, ¿de qué hablan los niños?
☐ De gustos   ☐ De la familia
☐ De la vida en España

d. ¿Qué palabra deben buscar en el diccionario?

gitanos.org, 2015

2. Completa la definición con las palabras que oyes en el vídeo:

Dicho de una persona o de un ...... [...] originario de la .... [...] de egipciano, porque se creyó que procedían .... (5): ...... ".

3. ¿Esta definición os parece correcta para hablar del pueblo gitano?

> **TRAPACERO.** Que emplea trapazas, que con astucia, falsedades y mentiras procura engañar a alguien de un asunto.
>
> Diccionario de la Real Academia Española (RAE), 2015.

4. ¿Cómo reaccionan los niños en el vídeo? ¿Qué sentimientos se desprenden?

5. Para concluir, completa el texto con las palabras siguientes.

(prejuicios) (palabras) (campaña) (discriminación) (lucha) (gitanos)

*Este vídeo forma parte de una ...... española de ...... contra la ...... de los ....
Muestra cómo las ...... participan a la formación de los ....*

VOCABULARIO

- **la discriminación:** *la discrimination*
- **una campaña:** *une campagne*
- **los prejuicios:** *les préjugés*
- **los estereotipos:** *les stéréotypes*
- **trapacero/a:** *fraudeur/ fraudeuse*
- **luchar contra:** *lutter contre*
- **estar sorprendido/a:** *être surpris/surprise*
- **estar triste:** *être triste*
- **estar decepcionado/a:** *être déçu/déçue*

2 Denunciando prejuicios

1. Lee el diálogo y contesta a las preguntas.

a. Presenta el documento (título/autor/naturaleza).
b. ¿Quiénes son Alfredo, Manuel y María Julia? Precisa el vínculo que les une.
c. ¿Dónde se desarrolla la escena?
d. ¿Cuál es el proyecto de vida de Manuel? ¿Cuál es el problema?
e. ¿Qué imagina Alfredo sobre los gitanos cuando dice "me lo imagino"? ¿Cómo se llaman esos pensamientos?

Un vecino poco habitual

Manuel, joven abogado, gitano, recibe a Alfredo en su casa.

"– Siéntate Alfredo. ¿Qué quieres saber?
– Quiero saber que pretendes de mi hija,
5 Quiero que la dejes en paz.
– ¡Qué fuerte vas!, ¿no te parece? En fin te diré primero que no pretendo nada más y nada menos que casarme con ella si la relación que tenemos ahora mismo se
10 consolida como parece. (…)
– Un matrimonio así no tiene futuro, ¿Qué va a hacer ella con tu familia? ¿Cómo la van a tratar? ¿Cómo quieres que mi hija se adapte a vuestras costumbres?
15 – Todavía no estamos en esa situación, pero en todo caso, tu hija se va a casar conmigo y no con mi familia. Trataremos a mis padres, a mis hermanos, claro, pero no vamos a convivir con ellos. Además tienes que explicarme a qué le llamas tú "nuestras
20 costumbres". No sabes quién es mi padre, ni mi madre.
– Me lo imagino.
– Y a lo mejor te equivocas. Mi padre tiene negocios de hostelería. Tengo un
25 hermano mayor médico y otro arquitecto. Mi hermana trabaja en informática. Somos todos ya mayores e independientes. ¿Me puedes decir cuáles son esas costumbres que pueden disgustar a tu hija?"
30

Un vecino poco habitual,
Violeta Díaz-Corralejo, 2001.

GRAMÁTICA l'expression de la volonté

• **Querer que** + subjonctif
→ *Quiero que conozcas* a la gente antes de juzgarla.
(Je veux que tu connaisses les gens avant de les juger.)
→ *Quiere que la deje* en paz.
(Il/Elle veut que je la laisse tranquille.)

VOCABULARIO

• **un abogado** : *un avocat*
• **las costumbres**: *les traditions/coutumes*
• **un matrimonio**: *un mariage*
• **disgustar**: *déplaire*
• **un médico**: *un médecin*
• **casarse**: *se marier*
• **pretender**: *avoir l'intention de*
• **tener miedo**: *avoir peur*

Unidad 7 — ACTIVIDAD 3

Somos gitanos, somos flamenco

1 El Flamenco, Patrimonio de la Humanidad

💬 **1.** Cuenta lo qué pasó el 16 de noviembre de 2010.

📝 **2.** ¿Cómo se llaman algunos de los cantaores más famosos de flamenco?

Audio 50

El 16 de noviembre de 2010, el flamenco fue incluido como **Patrimonio Cultural Inmaterial de la Humanidad por la UNESCO.** Al
5 año siguiente de esta declaración, y como celebración anual de este acontecimiento que recuerda la importancia de este patrimonio cultural, la Junta de Andalucía 10 declaró esta fecha **"Día del Flamenco en Andalucía".**

España cuenta con numerosas rutas de flamenco en Andalucía. Muchas de ellas están pensadas para 15 conocer la cuna de grandes maestros de este arte como Paco de Lucía, Camarón de la Isla, Sara Baras, o José Mercé, entre otros.

Microtarea

👥 **EN GRUPO** En grupos, buscad información en Internet sobre cantaores y presentad a uno. Terminad vuestra presentación con una canción famosa del cantaor elegido.

Proyecto final
A2+ > B1 / EE

 Imagina un texto a partir de la historia de Samara para terminar con los prejuicios.

Tu devras :

1. **voir** la vidéo ;
2. **parler** de la culture gitane ;
3. **évoquer** au moins deux préjugés ;
4. **utiliser** *querer que* + **subjonctif** ;
5. **utiliser** des connecteurs logiques.

Vídeo 20
La historia de Samara la gitana

Evaluación

⇢ Exercice **1**, p. 122

À partir de la vidéo, faites un compte rendu en français (production de 100 à 150 mots) puis répondez en espagnol à un sujet au choix :

1. En quoi est-ce enrichissant de connaître différentes cultures du monde ? Justifiez votre réponse.
2. En quoi est-il important de s'entraider dans votre futur métier ?

El Sacromonte en Granada

Eres guiá turístico. Crea la página web de la visita al Sacromonte.

▶ Un barrio impresionante

El Sacromonte es uno de los barrios granadinos más hermosos y peculiares. Sus hermosas vistas y sus curiosas cuevas lo hacen uno de los lugares más pintorescos e idílicos de España.
¿Te gustaría conocerlo? Acompáñanos por este interesante recorrido a través del impresionante barrio de el Sacromonte.

Audio 51

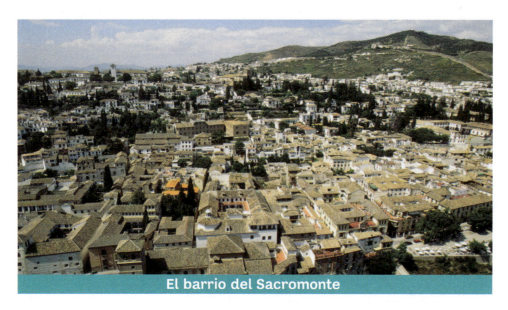

El barrio del Sacromonte

126 | UNIDAD 7

¿Dónde está ubicado el Sacromonte?

El barrio de El Sacromonte forma parte de las seis barriadas que conforman el distrito del Albaicín, en Granada, España. Más concretamente, se encuentra ubicado en el valle conocido como Valparaíso y frente a la emblemática Alhambra, la famosa ciudad palatina formada por palacios, fortalezas y espectaculares jardines.

Bailaores en el barrio del Albaicín

Pero, además, **este barrio es también famoso por considerarse uno de los lugares claves donde los gitanos** se asentaron después de deambular por toda Europa. De hecho, en esta barriada se habla principalmente caló o zincaló, una lengua variante del romaní utilizado por el pueblo gitano.

Granada es, sin duda, una de las principales referencias del flamenco en España y, en concreto, el Sacromonte, una de sus cunas. Este barrio gitano es epicentro que los expertos llaman el duende.

Las cuevas de Sacromonte

Sin lugar a dudas, **una de las principales curiosidades de Sacromonte son sus cuevas.** Es un tipo de vivienda habitual que se encuentra en este barrio, cuevas que resultan además de curiosas, sumamente pintorescas, encantadoras y mucho más cómodas de lo que se ven a simple vista.

Conocer el pintoresco barrio de Sacromonte es adentrarse en la apasionante historia y cultura de este pueblo. Recorrerlo es trasladarse en el tiempo y vivir la época de la ocupación árabe, la historia de los judíos y gitanos, es maravillarse con su creatividad y fastuosidad.
No cabe duda de que el **Sacromonte es una de las barriadas españolas más especiales, hermosas y pintorescas que podrás conocer.**

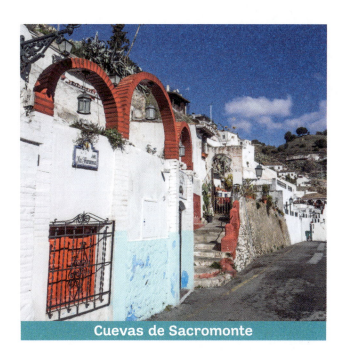
Cuevas de Sacromonte

Unidad 8 — SABORES DE ESPAÑA

A2+ > B1

Antes de clase

 Vídeo 21
Historia de la tapa

Ve el vídeo y contesta a las preguntas.

1. ¿En qué siglo nacieron las tapas? ¿Con qué fin?

2. ¿Has probado alguna vez una tapa? ¿De qué era?

3. ¿Te gustan las tapas?

Quiz

Responde a las preguntas. A continuación, toda la clase pone en común en la pizarra las respuestas. **EN GRUPO**

¿CUÁNTO SABES DE GASTRONOMÍA ESPAÑOLA?

1 La kokotxa es originario de:
- ☐ País Vasco
- ☐ Galicia
- ☐ Baleares

2 La paella es típica de:
- ☐ Comunidad Valenciana
- ☐ Madrid
- ☐ Canarias

3 El "pan tomaquet" se come en:
- ☐ Cataluña
- ☐ Asturias
- ☐ León

4 El queso manchego es de:
- ☐ Castilla La Mancha
- ☐ Castilla y León
- ☐ Asturias

5 El jamón de Jabugo es tradicional de:
- ☐ Cantabria
- ☐ Andalucía
- ☐ Extremadura

Dans cette unité, tu vas apprendre :
- Traduction de « on »
- Donner son opinion
- Parler des plats typiques des régions
- Découvrir l'histoire de « la tapa » en Espagne
- Présenter la ville gastronomique de l'année
- Choisir un restaurant

Proyecto final
A2+ > B1 / EE

Elegid el restaurante más apropiado para la ocasión.

SABORES DE ESPAÑA | 129

Unidad 8 — ACTIVIDAD 1

Conocer la comida tradicional

1. Los platos típicos de las comunidades españolas

1. Con la ayuda de los dibujos, asocia el nombre de cada plato con la comunidad autónoma correspondiente.

 Audio 52

1. Es la comida típica de Cantabria. Es un guiso de interior, sus ingredientes esenciales son la alubia blanca a la que se le añade chorizo, costilla, morcilla y tocino.

2. Es el plato tradicional de la cocina asturiana elaborado con faba asturiana (en asturiano, fabes), embutidos como chorizo y la morcilla asturiana, y con cerdo.

3. Es un plato tradicional de Galicia. Se trata de un plato festivo elaborado con pulpo cocido entero que está presente en las fiestas y ferias.

4. Es una variedad de asado de un lechón (denominado cochinillo). Es muy popular en la tierra de Castilla.

5. Es un primer plato típico y originario de La Rioja. Es un plato con tres ingredientes: la patata, el chorizo y el pimentón. Se sirve caliente.

6. Plato tradicional español típico de la cocina vasca elaborado con cuatro ingredientes básicos: bacalao, aceite de oliva, ajo y pimientos guindillas.

7. Es una pasta elaborada a base de patatas, ajo, huevo y aceite, todo ello finamente machacado en un mortero. Es típico de Navarra.

8. Con el término ternasco se conoce en Aragón al cordero joven, sin distinción de género.

9. Es una palabra del catalán, con la que se denomina a una variedad de cebollas tiernas poco bulbosas. Muy consumido a finales de invierno con salsa romesco.

10. Es un bocadillo de calamares en harina y fritos en aceite de oliva. Se suele servir caliente, recién hecho. Es muy popular en Madrid.

11. Es un tipo de jamón procedente del cerdo de raza ibérica, muy apreciado en la gastronomía. Es muy frecuente en Extremadura.

12. Es un queso español elaborado con leche de oveja de raza manchega y protegido por una denominación de origen en La Mancha.

13. Es una receta de cocina con base de arroz, con origen en la Comunidad Valenciana y hoy en día muy popular en toda España y también en otros países.

14. Es un plato típico de productos de la huerta murciana. Consiste en un revuelto de huevo elaborado con calabacín, cebolla y, de vez en cuando, patata. Se suele servir a temperatura templada o caliente.

15. Es una sopa fría con ingredientes como el aceite de oliva, pan, vinagre, agua y otros aditamentos como almendras u hortalizas crudas.

16. Es un embutido crudo curado, elaborado a partir de carnes seleccionadas del cerdo, condimentadas con sal, pimentón y pimienta negra.

Microtarea

  EN GRUPO

En grupos, cada uno escoge un plato típico de una comunidad autónoma y lo presenta a la clase.

https://es.toluna.com

Unidad 8 — ACTIVIDAD 1

2 Las tapas

1. Escucha este programa de radio impulsado por el Ministerio de Turismo y contesta a las preguntas.

a. ¿Qué significa hoy día ir de tapas?

b. ¿Cómo será la celebración?

c. ¿Qué actividades se proponen?

Audio 22
El día mundial de la tapa

Día mundial de la tapa, efe.com

3 El rey de la gastronomía madrileña

1. Cita los dos platos típicos de Madrid.

2. ¿Cuál es el origen de ese bocadillo? ¿Dónde se puede comer?

El bocadillo de calamares: qué cosa más tonta y qué cosa más rica

Cada pueblo y ciudad de España tiene un plato o una especialidad que muestra la grandeza gastronómica de
5 cada una de las poblaciones españolas. Madrid es la capital y por ello no tiene solo un plato especial. Si el cocido madrileño reúne a amigos y familiares en torno a una mesa, cuando se
10 trata de salir de casa y comer rápido, no se busca una hamburguesa, sino un bocadillo de calamares.

Se sabe poco sobre el origen del bocadillo de calamares, allá en el siglo XVII se estableció una ruta para abastecer la capital de pescado fresco, que era necesario durante las épocas de cuaresma, cuando estaba prohibido
15 tomar carne. Se cree que se comenzó a servir rebozado, algo que es muy del gusto de los madrileños, como comida rápida y económica. El rebozado permitía que cundiera más y que con menos calamar se aportara más alimento. Se solía servir en un plato junto a un trozo de pan.

Con el tiempo, el bocadillo de calamares se ha convertido en el símbolo
20 de los bocadillos de Madrid y es fácil encontrarlo en muchos de los bares tradicionales de la villa y corte. En la calle Atocha, junto al Museo de Arte Reina Sofía se encuentra El Brillante, del que dicen que hace el mejor de todos ellos.

Adaptado de www.porconocer.es

GRAMÁTICA Les traductions de « on »

Se + 3ᵉ personne du singulier
→ *Se sabe* poco sobre... (On sait peu de choses...)
→ *Se cree* que... (On croit que...)

VOCABULARIO

- **cocido**: *ragoût*
- **abastecer**: *approvisionner*
- **cuaresma**: *carême*
- **rebozado**: *pané*
- **cundir**: *ici, remplir le ventre*

SABORES DE ESPAÑA | 133

Unidad 8 — ACTIVIDAD 2
Elegir la capital gastronómica del año

1 Almería, ciudad gastronómica 2019

Escucha y contesta a las preguntas.

a. ¿Quién promueve la capital española de la gastronomía 2019?
b. ¿Cuántas firmas apoyaban el proyecto?
c. ¿Cuál es la riqueza culinaria de Almería?

Audio 54

Microtarea

Cada grupo presenta un proyecto para que su ciudad española preferida sea elegida ciudad gastronómica del año. Un grupo hace de jurado y aprueba o no la solicitud justificando el porqué.

VOCABULARIO

Exprimer son opinion

- A mi parecer...
- Me parece...
- Pienso que...
- En mi opinión...

Proyecto final

A2+ > B1 / EE

 En parejas, trabajáis en una empresa española. Imaginad que tenéis que organizar una cena para vuestro jefe y unos clientes europeos muy importantes.

1. En vuestra opinión, ¿cuáles son las características que tiene el restaurante? Marcadlas y comentadlos.

- ☐ Tener música de fondo
- ☐ Tener un servicio excelente
- ☐ Tener un salón privado
- ☐ Ser de lujo
- ☐ Ser acogedor
- ☐ Tener buenos vinos
- ☐ Proponer comida tradicional
- ☐ Ofrecer comida vegetariana
- ☐ Aceptar tarjetas de crédito
- ☐ Tener une televisión con vídeoclips
- ☐ Ser silencioso
- ☐ Estar lejos de la oficina
- ☐ Ser moderno
- ☐ Tener conexión a Internet

2. Aquí tenéis 3 restaurantes. Leed la descripción, luego encontrad un nombre para cada restaurante. Al final, elegid el restaurante más adaptado a la cena según lo que habéis marcado.

Restaurante 1

- **Nombre:** ....
- **Dirección:** C/Calle Serrano, Madrid.
- **Horario:** de 13:30 a 17 y 20 a 23 horas (cierra Domingo)
- **Características:** restaurante gastronómico. Bruno Oteiza y Mikel Alonso apuestan por la cocina gachupa, una exitosa fusión vasco-mexicana. Para hablar de su cocina, insisten en que probarla es un requisito ineludible. No le falta razón: hay que degustar la cocina gachupa para hablar de ella.
- **Precios:** 40 euros por persona.

Restaurante 2

- **Nombre:** ....
- **Dirección:** Plaza Mayor, Madrid.
- **Horario:** de 12 a 16 y de 19 a 22 horas, todos los días excepto los domingos y días festivos.
- **Características:** una muestra de los sabores tradicionales de la cocina tradicional. Diversos y deliciosos platillos a muy buenos precios, la atención del personal y del propietario es de lo mejor.
- **Precios:** 80 euros por persona.

Restaurante 3

- **Nombre:** ....
- **Dirección:** Plaza del Sol, Madrid.
- **Horario:** cerrado los lunes.
- **Características:** es un lugar idóneo para comer pizzas a la leña, el servicio es excelente y la sangría casera es deliciosa. Un poco ruidoso los fines de semana.
- **Precios:** 30 euros por persona.

SABORES DE ESPAÑA | 135

Costumbres a la hora de consumir tapas

En grupos, explicad los datos de esta encuesta.

1. Pensad en lo que coincide con vuestro país y lo que no.
2. Haced un cuadro comparativo de vuestros resultados en la pizarra.

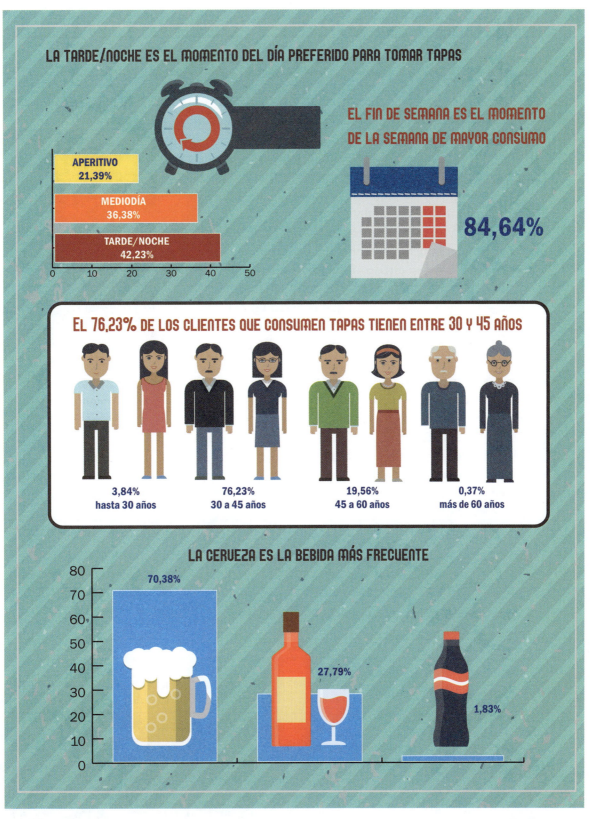

B1-B1+
1 TURISMO

Pipper, el primer perro turista e influencer del mundo

TEXTO

Pipper, el primer perro para promocionar el turismo con mascotas  Audio 55

Pipper será durante el próximo año "el primer perro turista e influencer del mundo", que recorrerá Castilla y León
5 para dar a conocer su "riqueza turística" de una manera diferente, novedosa, original y llamativa.
El proyecto "La Vuelta a España de Pipper" está encaminado al fomento y publicidad del turismo con mascota, que afecta a alrededor de diez millones de
10 españoles que poseen un animal de compañía, y que a través de vídeos y fotos en los que el perro Pipper será el protagonista, dará a conocer los diferentes monumentos y restaurantes que permiten el acceso de animales.
15 Pipper, acompañado de su dueño y de su adiestrador Carlos, pretende así ayudar a todos aquellos turistas que quieran viajar con su mascota, y dar a conocer los lugares que pueden visitar, y es que "el siete por ciento de las búsquedas de hoteles por Internet buscan que se admitan mascotas". Se ha
20 aprovechado asimismo la presentación del viaje de Pipper, que se compartirá también por redes sociales durante el próximo año, para recordar la "responsabilidad" que supone tener un animal.

Adaptado de www.lavanguardia.com, 06/07/2018

● **Lee** el texto y **contesta** a las preguntas.

1. ¿Quién es Pipper?
2. ¿Cuál es el objetivo de esta vuelta por España?
3. ¿Con quién viajará este perro?

AUDIO  Audio 56
Me llamo Pipper

● **Escucha** el audio y **responde** a las preguntas.

1. ¿De dónde es Pipper?
2. ¿Cuándo nació?
3. ¿Qué significa su nombre?

TAREA

● **Observa** y **contesta**.

Estas son algunas de las fantásticas fotos que podemos encontrar en la cuenta de Instragram de Pipper.

1. ¿Tú harías ese tipo de foto con tu perro? ¿En qué sentido son originales?

2. Escríbele en su cuenta de Instagram para que visite tu ciudad. Háblale de los encantos de tu ciudad y dónde se podría hacer fotos.

pipperontour

156 publications   36,4k abonnés   192 abonnements

Pipper on tour
Desde mayo de 2018 soy el primer perro turista que da la vuelta a España para promocionar lugares en los que somos bienvenidos.
#perro #turismo
www.pipperontour.com

Cuenca   Segovia   Madrid   C. Valenci...   Ávila   Tenerife   Toledo

 PUBLICATIONS   IDENTIFIÉ(E)

Para ir más allá

- **Descubre las ciudades que ha visitado Pipper:** https://www.pipperontour.com/misviajes
- **Pipper en los medios de comunicación:** https://www.pipperontour.com/mis-vdeos-2
- **Pipper en las redes sociales:** https://es-es.facebook.com/pipperontour/
- **Busca fotos originales de Pipper:** https://es-es.facebook.com/pipperontour/

2 DEPORTE B1-B1+

Los deportes más populares en España

TEXTO

Fútbol

Es innegable que el deporte más popular y que más seguidores tiene en España es el fútbol. Clubes de fútbol como el Real Madrid CF y el Barcelona FC son conocidos en toda Europa
5   dada su trayectoria. El término TIKITAKA es español y se utiliza para indicar pases cortos y la posesión del balón.

Baloncesto

Es otro deporte increíblemente popular en España. La Asociación de Clubes de Baloncesto (ACB) está considerada como
5   una de las mejores del mundo detrás de la NBA. De aquí han salido estrellas del baloncesto que militan en la NBA como Pau Gasol, su hermano Marc Gasol y Ricky Rubio, entre otros. Los jóvenes aprenden a jugar
10   al baloncesto desde pequeños, siendo un deporte que tiene mucha aceptación y afición.

Pau Gasol   Marc Gasol   Ricky Rubio

Pádel

Este deporte, que se introdujo en España en los años 80, es hoy en día de los más populares que existen. La pista de pádel es más pequeña que la de tenis, por lo que han proliferado
5   en urbanizaciones y polideportivos debido a que ocupan menos espacio. Además es un deporte muy social, ya que intervienen cuatro jugadores y su juego es muy rápido. Resulta también un deporte barato, por lo que tiene cada día más adeptos. Se juega con una pala dura con agujeros en la
10   superficie, de menor tamaño que la de tenis. Si vas a comenzar con este deporte, tienes que adquirir unas palas de pádel baratas, que se ajusten a tus necesidades, y que te garanticen el mejor rendimiento como jugador.

Adaptado de elmiradordemadrid.es

● **Lee** el texto y **contesta** a las preguntas.

1. ¿Qué clubs de fútbol son los más conocidos? ¿Qué sabes de ellos?
2. Cita las estrellas de baloncesto españolas que se nombran.
3. Indica cómo se juega al pádel.

AUDIO

8 de marzo: "Soy mujer, soy deporte"

● Escucha el audio y responde a las preguntas.

1. Une cada persona con su deporte.

   a. Ruth Beitia • • halterófila
   b. Lidia Valentín • • nadadora
   c. Teresa Perales • • bádminton
   d. Mireia Belmonte • • atleta
   e. Gemma Mengual • • nadadora paralímpica
   f. Carolina Marín • • natación sincronizada

2. Escribe el nombre de la deportista que ha ganado un oro, una plata y un bronce.

TAREA

Vídeo 23 — Rafa Nadal Academy

● En grupos, ved el vídeo de la Rafa Nadal Academy.

Cada grupo pone voz al vídeo sobre las instalaciones apoyándose en las infografías de abajo. Al final votáis al mejor.

La Academia de Rafa: el legado de Nadal

Rafa Nadal ha levantado su gran proyecto social: crear una escuela internacional de tenis. Levantada en su Manacor natal y dirigida por la mirada sabia de Toni, su tío y entrenador. Allí se pulen hoy los campeones del futuro inspirados en los valores y el esfuerzo que han moldeado a un tenista único.

Para ir más allá

- **Real Madrid:** https://www.realmadrid.com/fr
- **FC Barcelona:** https://www.fcbarcelona.fr/fr/
- **Las deportistas se solidarizan con la igualdad de la mujer:** http://videos.marca.com/v/0_4cvm6001-las-deportistas-espanolas-se-unen-contra-la-violencia-de-genero?count=0
- **Academia Rafa Nadal:** https://alacontra.elindependiente.com/la-academia-de-rafa-el-legado-de-nadal/

| 141

3 TRABAJO
B1-B1+

La FP Dual: trabaja y estudia a la vez

TEXTO

La Formación Profesional Dual, o también conocida como Formación Dual, Formación en Alternancia o FP Dual, es un modelo educativo europeo -ya se implanta en Alemania, Suiza, Dinamarca, Austria y Francia- que permite combinar el aprendizaje en una empresa con la formación académica.
5 Esto hace que el crecimiento del alumno a nivel profesional sea más rápido, flexible y completo, al tiempo que la empresa puede participar en la formación del estudiante, adecuándola a sus necesidades empresariales. Cobrar por estudiar... ¿te lo imaginas? El FP Dual o Formación Profesional Dual te abre la puerta al mercado laboral.
10 La duración de un ciclo formativo en modalidad dual es de dos años. En el primer curso, se va a clase y se aprende la base formativa de la especialidad elegida. Durante el segundo curso, el alumno irá a trabajar en una empresa del sector, mientras continúa el aprendizaje en el centro. La FP dual no es simplemente hacer unas prácticas ya que durante estos meses en la empresa,
15 el estudiante recibe una subvención en forma de salario fijo y tendrá alta a la seguridad social, tal y como si fuera un trabajo remunerado.

Adaptado de www.montserratfp.cat

● **Lee** el texto y **contesta** a las preguntas.

1. Cita otras maneras de nombrar la FP Dual.
2. ¿Cuáles son las ventajas de este tipo de aprendizaje?
3. ¿Cuánto tiempo dura la formación?

VÍDEO

Vídeo 24
FP Dual

● **Ve** el vídeo y **contesta** a las preguntas.

1. ¿Por qué la FP Dual facilita a la entrada al mundo laboral?
2. ¿En qué consiste la nueva red de embajadores para la FP Dual?
3. Escribe palabras que se asocien a la FP Dual.

TAREA

● **Observa** y **contesta**.

1. Por grupos, presentad las cifras de la FP dual en 2019.
2. ¿Existe la formación profesional en Francia? ¿Tiene tanto éxito? ¿Cuáles son las ventajas y los inconvenientes?

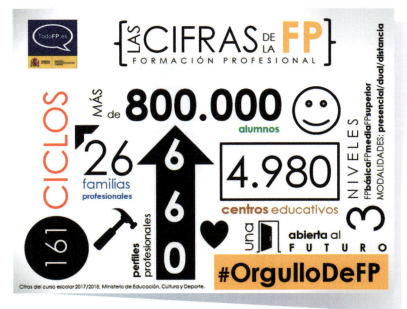

Ministerio de Educación, Cultura y Deporte, 2018.

Para ir más allá

- **Resumen de la FP Dual:** https://www.youtube.com/watch?v=oDLifWVnlj8
- **Ejemplo de FP en la empresa Leroy Merlin:** https://www.youtube.com/watch?v=IEqsKBSEWUk
- **Reportaje: ejemplo de prácticas:** https://www.youtube.com/watch?v=SqqIkFguAO8
- **Prácticas en Nestlé:** https://www.youtube.com/watch?v=nojhjiKWjkY

4 COCINA
B1-B1+

El Basque Culinary: el primer centro tecnológico de gastronomía

TEXTO

El Basque Culinary Center (BCC) de San Sebastián quiere revolucionar el mundo de la gastronomía con la creación del primer centro tecnológico especializado en esta
5   disciplina, con el que pretende convertirse en "referente mundial" en innovación e investigación culinaria. El nuevo centro, que formará parte de la Red Vasca de Ciencia, Tecnología e Innovación, quiere
10 dar respuesta a los retos y a las necesidades de la gastronomía del siglo XXI, en ámbitos como la salud, calidad, sostenibilidad y economía.

La creación de BCC Innovation permitirá
15 generar conocimiento alrededor del sector de la gastronomía y cumplirá varios objetivos: transformar el conocimiento en riqueza, impulsar la innovación en las empresas y participar activamente en el apoyo a la creación de nuevas empresas,
20 asegurando el futuro del sector, según han anunciado este miércoles sus impulsores. El director del Basque Culinary Center, Joxe Mari Aizega, asegura que la puesta en marcha de BCC Innovation como "primer centro tecnológico de gastronomía del mundo" conseguirá situar a Euskadi "en la vanguardia mundial de la innovación y la investigación gastronómica".

25 BCC Innovation estará integrado por un equipo de 25 personas, entre investigadores de diferentes disciplinas, técnicos y gestores. En el año 2017 el centro de I+D del Basque Culinary Center colaboró con más de 40 empresas e instituciones, en alianza con centros de investigación de referencia a nivel estatal e internacional, a través de proyectos públicos y privados.

Adaptado de elpais.com

● **Lee** el texto y **contesta** a las preguntas.

1. ¿Con qué objetivo ha sido creado el Culinary Basque Center?
2. Según Joxe Mari Aizega, ¿qué aportará el BBC a Euskadi?
3. ¿Con quién colaboró el BBC en 2017?

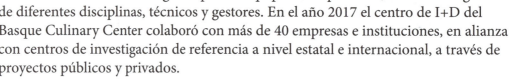

VÍDEO

Vídeo 25
El restaurante de David Muñoz

Restaurante Diverxo

La cocina de David Muñoz presenta nuevas formas inéditas de entender la experiencia gastronómica. Un viaje por la cocina hedonista, golosa y creativa, cocina vanguardista en la que todo es posible donde cada plato es como un cuadro.

Menú – La cocina de los cerdos voladores: 250 €

https://diverxo.com

● **Ve** el vídeo y **contesta** a las preguntas.

1. Explica en qué puede consistir la experiencia gastronómica del cocinero vanguardista David Muñoz.

2. ¿Crees que se puede establecer una relación entre la pintura y la gastronomía? Consulta el sitio web **https://diverxo.com** para justificar tu respuesta.

TAREA

● **Dividid** la clase en dos grupos. Cada uno **escoge** una receta y **hace** una presentación oral de cómo se prepara.

Vídeo 26
Rape asado con salsa de pesto verde

Vídeo 27
Cordero asado, puré de patata y hongos

Para ir más allá

- **Máster Universitario en Ciencias Gastronómicas:** https://www.youtube.com/watch?time_continue=106&v=F52x7-uDBss
- **Alumnos de El Basque:** https://www.youtube.com/watch?v=yz6t6AdU200
- **Basque Culinary Center:** https://www.youtube.com/watch?v=vgvqH_HM74Y
- **Testimonios de alumnos:** https://www.youtube.com/watch?v=fCsGqP6VS2s

5 MÚSICA — B1-B1+

El mal querer, la obra maestra de Rosalía

TEXTO

Rosalía se inspira en la literatura medieval occitana.
Más allá del fenómeno Rosalía, *El mal querer*, su segundo disco, tiene carácter de obra maestra. Más allá de la promoción y la atención mediática, la cantaora
5   es dueña de su propio lenguaje. Es un disco con doble alma: flamenca y pop. Pero pop entendido en el siglo XXI, año 2018, con las exploraciones electrónicas que triunfan en las listas de éxito del mundo entero. Rosalía une magistralmente el flamenco con los ritmos urbanos
10 actuales, bien sean el trap, el R&B contemporáneo o el pop bailable.
Y lo ha hecho con un álbum inspirado en un libro del siglo XIII. La cantante barcelonesa desarrolló *El mal querer* a partir de *Flamenca*, novela de autor anónimo, escrita al norte de Albi. Transcurre entre 1223 y 1227, Flamenca (procede de Flandes y significa brillante, luminosa, ardiente), hija del conde Guido de Nemours,
15 se casa con Archimbaud de Borbón, que la encierra en una torre por celos. El dios Amor inspira al bello Guillermo de Nevers para que la rescate. Ella sólo puede salir a misa, por lo que él se traviste de clérigo. Cada domingo, Guillermo le susurra una palabra, hasta conformar una declaración de amor. Mantienen amores clandestinos en los baños públicos y son felices. Así, cada canción - *Augurio, Boda, Celos,*
20 *Disputa, Lamento, Clausura, Liturgia, Éxtasis, Concepción, Cordura y Poder*- expresa alegóricamente un momento de la relación hasta la liberación de la mujer.
No es Rosalía una voz feminista en el sentido estricto, pero con este álbum, que apela a la cordura sentimental y al tenerse una a sí misma antes que doblegarse a cualquier hombre, se convierte en un reclamo feminista. Y, especialmente, el reclamo es la propia artista por sus virtudes personales.

Adaptado de www.elpais.com

● **Lee** el texto y **contesta** a las preguntas.

1. ¿Qué innovaciones ha aportado el segundo álbum de Rosalía?
2. ¿Cuál es la historia de Flamenca?
3. ¿Es Rosalía una feminista? Justifica tu respuesta.

VÍDEO

Rosalía confiesa que *El mal querer* va sobre "un amor oscuro".

● **Ve** el vídeo y **contesta** a las preguntas.

1. Según Rosalía, ¿*El mal querer* sigue fielmente la novela *Flamenca*?
2. ¿Es un álbum que cuenta una historia?
3. Parte del flamenco, pero ¿en qué lo sobrepasa?

TAREA En parejas, **elegid** una canción de las 11 que componen *El mal querer* y **contadla**. Al final, **reconstruid** entre todos la historia que narra.

Aquí tenéis las Letras: https://www.letras.com/rosalia/discografia/el-mal-querer-2018/

El disco está magistralmente estructurado en capítulos que recorren todas las etapas de una relación tóxica de pareja: *Augurio, Boda, Celos, Disputa, Lamento, Clausura, Liturgia, Éxtasis, Concepción, Cordura, Poder*. Desde el enamoramiento obsesivo (*Malamente*) hasta la vida en pareja, la ruptura y por último, el empoderamiento de la mujer frente al hombre (*A ningún hombre*).

Para ir más allá

- **Todo lo que se sabe de *El Mal Querer*:** https://www.youtube.com/watch?v=fjAoRvpwiVY
- **Pedro Almodóvar dirige a Rosalía y Penélope Cruz en *Dolor y Gloria*:** https://www.youtube.com/watch?v=XuZDptuMlfw
- **Rosalía cuenta su nuevo proyecto *El Mal Querer*:** https://www.youtube.com/watch?v=5juaAzOR59s
- **Rosalía, "Está todo inventado":** https://www.youtube.com/watch?v=Nl9OYWSrAaI

ÉVALUATION

SOUS-ÉPREUVE N° 1 : épreuve écrite commune

Partie 1 — Compréhension orale (durée : 30 minutes)

Visionnez la vidéo et rédigez un compte rendu en français.

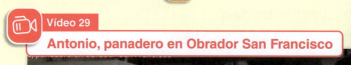

Vídeo 29 — Antonio, panadero en Obrador San Francisco

Partie 2 — Expression écrite (durée : 30 minutes)

Deux sujets au choix :

Artisanal ou industriel, on mange du bon pain ? **OU** Quelles sont les qualités d'un boulanger artisan ?

SOUS-ÉPREUVE N° 2 : épreuve orale individuelle

Partie 1 — Expression orale en continu

A partir de la infografía, explica los límites de velocidad.

ÉVALUATION

Partie 2 — Expression orale en interaction

1. ¿Te parece eficaz el sistema de puntos en el carnet de conducir?
2. ¿Cómo se podría concienciar más a los conductores para que respetaran más las normas de tráfico?
3. ¿Qué opinión te merece el coche sin conductor que pronto estará en circulación?

Partie 3 — Compréhension écrite

1. Présentez les différents utilisateurs de Facebook.
2. À votre avis, que disent les messages sur Facebook à propos de la personnalité des utilisateurs ?
3. Les réseaux sociaux peuvent-ils avoir un impact sur le moral des jeunes ?

¿Qué tipo de facebookero eres?

Facebook es un territorio virtual habitado por más de 600 millones de personas. Aunque procedentes de los lugares más dispares del planeta, es posible agrupar a tales personas en seis tipologías diferentes.

1. El fanfarrón

Es la típica persona a la que no hemos visto desde hace mucho tiempo, pero que tiene un aspecto muy bueno. Antes parecía un individuo más bien mediocre, ahora muestra que viaja en business class, va de vacaciones a destinos exóticos, tiene coches y yates. Sus amigos en Facebook suelen ser hombres como él, siempre muestran más de lo que son.

2. La hiperconectada

A este tipo de usuario le gustaría ser "amiga" de todo el mundo. La hiperconectada, aficionada a viajar, tiene amigos repartidos por todos los rincones del planeta. Suele trabajar en profesiones creativas o relacionadas con los medios de comunicación y se muestra optimista en sus entradas en Facebook.

3. El jefe enrollado

Este tipo de usuario suele estrenar cuenta en Facebook siguiendo la moda por esta red. Sin embargo, está tan ocupado que no ha tenido todavía tiempo de profundizar en las funciones de Facebook y no tiene foto de perfil. A pesar de esto, tiene un montón de amigos sin haber enviado una sola solicitud de amistad.

4. El bromista

Este usuario aspira fundamentalmente a hacer reír a sus amigos en Facebook. Suele subir fotografías y vídeos divertidos para que sus seguidores se rían y para conseguir muchos "me gusta". Le gusta utilizar como foto de perfil imágenes originales como fotografías de la infancia o fotos retocadas. La mayoría de sus amistades en Facebook son viejos compañeros del colegio.

5. La jugadora

Como su propio nombre indica, a la jugadora le gusta jugar. Utiliza Facebook fundamentalmente para el social gaming y es fan de juegos como Farmville. La jugadora es famosa en el terreno del social gaming y por eso la mayor parte de sus amigos son aspirantes a puntuaciones máximas.

6. El cadáver

El cadáver es un usuario muy ilusionado con Facebook al principio, pero que en un par semanas se desilusiona. Se conecta a Facebook sólo de vez en cuando, sus amigos son gente normal y suele utilizar como foto de perfil imágenes de la final del último mundial en algún bar.

D'après www.marketingdirecto.com

ÉVALUATION

SOUS-ÉPREUVE N° 1 : épreuve écrite commune

Partie 1 — Compréhension orale (durée : 30 minutes)

Visionnez la vidéo et rédigez un compte rendu en français.

 Vídeo 30 — La influencia de las redes sociales

Partie 2 — Expression écrite (durée : 30 minutes)

Deux sujets au choix :

Les réseaux sociaux menacent-ils nos libertés individuelles ? **OU** Quels sont les risques d'addiction ?

SOUS-ÉPREUVE N° 2 : épreuve orale individuelle

Partie 1 — Expression orale en continu

El 8 de abril es el Día internacional del pueblo gitano.
Explica a partir del cartel la campaña de sensibilización.

ÉVALUATION

Partie 2 Expression orale en interaction

1. ¿Te parece que en la escuela de hoy día existe segregación?
2. Di cómo sería la escuela ideal para que no hubiera rechazo por cuestiones de sexo o raza.
3. Se dice a menudo que el racismo nace del desconocimiento del otro, ¿qué opinión te merece?

Partie 3 Compréhension écrite

1. Expliquez avec vos propres mots le programme « *La Voz* ».
2. En quoi est-il particulier ?
3. Que sont « las batallas » ?

La Voz, el programa que más gusta a los jóvenes

La Voz es un *talent show* en el que tres coaches deben elegir a varios concursantes para que formen su equipo. Se ha convertido en el programa que más gusta a los jóvenes.

5 Han conseguido datos históricos de audiencia en una franja de edad complicada, de 13 a 24 años.

Fue emitido en España por primera vez el 19 de septiembre de 2012. La primera fase, llamada "audiciones a ciegas" tiene la peculiaridad de que 10 la elección se realiza de espaldas a ellos, de tal manera que los entrenadores de cada equipo solo podrán guiarse por la voz de los participantes, sin saber su edad o procedencia. Si dicha voz les convence, deberán pulsar el botón de su silla para 15 que esta se gire, señal de que quieren que el niño que está cantando, sea de su equipo.

Una vez formados los equipos, la siguiente fase del concurso se denomina "las batallas". Los coaches deberán reducir sus equipos a un tercio. Para ello, deberán enfrentar a sus componentes cantando en un ring de lucha. Después, el coach 20 deberá eliminar a dos de los tres que forman el trío musical.

En la tercera fase, denominada "último asalto", los concursantes eliminados de "las batallas" deberán volver a defender la canción de las "audiciones a ciegas". Solo dos de estos concursantes serán integrados en el equipo. En la "gran final", última fase del concurso, los concursantes cantarán de manera individual hasta que cada 25 coach se quede con solo un participante. De entre esos tres se elige al ganador.

Adaptado de www.formulatv.com

Memento grammatical

1. L'alphabet espagnol 154

2. L'accentuation 154

3. La ponctuation 154

**4. Les numéraux cardinaux
et les numéraux ordinaux** 154

5. La formation du féminin et du pluriel 155

6. Les articles 155

A. Les articles définis : *el, la / los, las*

B. Les articles indéfinis au pluriel

C. L'article neutre : *lo*

7. Les pronoms interrogatifs 156

8. Les diminutifs 156

9. Les adverbes 156

A. Les adverbes en -*mente*

B. Les adverbes de lieu *aquí, acá, ahí, allí, allá*

C. L'adverbe de temps *ya*

D. Les adverbes *aún* et *todavía*

E. Les adverbes de manière *así* et *así pues*

F. Les adverbes de concession *aun, hasta, incluso, inclusive*

G. Les adverbes de quantité et d'intensité

H. Les adverbes à forme d'adjectif

I. La place de l'adverbe avec un verbe aux temps composés

10. Les comparatifs 157

A. Les comparatifs avec un adjectif

B. Le comparatif d'égalité avec un nom

C. Les comparatifs irréguliers

11. Les superlatifs 157

12. Les possessifs 157

A. Les adjectifs possessifs

B. Les pronoms possessifs

13. Les démonstratifs 158

14. Les prépositions 158

A. Les prépositions de lieu

B. La préposition *para*

C. La préposition *por*

D. La préposition *a*

E. La préposition *con*

F. L'absence de préposition

15. L'apocope 159

16. Les pronoms personnels 160

A. Les pronoms personnels sujets

B. Les pronoms personnels COD : *lo, los, la, las*

Memento grammatical

C. Les pronoms personnels COI : *le, les*

D. L'ordre des pronoms complémentaires

17. Les relatifs 160

18. Les verbes à diphtongue 161

19. Les verbes à affaiblissement 162

20. Les verbes se terminant par *-uir* 162

21. Les verbes se terminant par *-ecer, -ocer,-ucir* et *-acer* 162

22. Les verbes dont la 1ʳᵉ personne est irrégulière 163

23. Les verbes avec deux irrégularités 163

24. Autres verbes irréguliers 163

25. Être : *ser* et *estar* 163

26. Le gérondif des verbes réguliers 164

A. Formation

B. Emplois

27. Le tutoiement et le vouvoiement 164

28. Les verbes de type *gustar* 164

29. L'obligation 164

A. L'obligation personnelle

B. L'obligation impersonnelle

30. Il y a : *hay* et *hace* 165

31. Les indéfinis 165

A. Les adjectifs indéfinis

B. Les pronoms indéfinis

32. Les temps verbaux 166

A. Le présent de l'indicatif

B. L'imparfait de l'indicatif

C. Le subjonctif présent

D. l'impératif

E. L'impératif de défense

F. Le passé composé

G. Le futur de l'indicatif

H. Le conditionnel présent

I. Le passé simple

J. Le plus-que-parfait

K. Le subjonctif imparfait

33. La concordance des temps 169

34. Les traductions de « on » 169

35. Les verbes de demande 169

153

1 L'alphabet espagnol

A	a	N	ene
B	be	**Ñ**	**eñe**
C	ce	O	o
CH	**che**	P	pe
D	de	Q	cu
E	e	R	erre
F	efe	S	ese
G	ge	T	te
H	hache	U	u
I	i	V	uve
J	jota	W	uve doble
K	ca	X	equis
L	ele	Y	i griega
LL	**elle**	Z	zeta
M	eme		

- L'alphabet espagnol a trois lettres de plus que l'alphabet français : *ch*, *ll* et *ñ*.

- Les noms de lettre sont féminins.
On dit : *la a*, *la b*, etc.

- Seules quatre consonnes peuvent être doublées : celles du prénom Carolina.

2 L'accentuation

Tous les mots espagnols portent un accent tonique, c'est-à-dire qu'ils comportent une syllabe qu'il faut prononcer avec plus d'insistance que les autres syllabes, mais l'accent ne se place pas toujours au même endroit.

- Si le mot est terminé par **une voyelle**, un **-n** ou un **-s**, il est accentué sur l'avant-dernière syllabe.
➡ *La n**o**che, un j**o**ven, las ch**i**cas*

- Si le mot est terminé par une consonne autre que -n ou -s, il est accentué sur la dernière syllabe.
➡ *Isab**e**l, el profes**o**r, la ciud**a**d*

- Lorsque les deux règles évoquées ci-dessus ne sont pas respectées la syllabe tonique porte un accent écrit.
➡ *Los **mié**rcoles Juan corta el **cés**ped.*

- **L'accent diacritique** sert à distinguer deux mots ayant des sens différents.
Se (« se » ou « s' ») ≠ ***Sé*** (« je sais », du verbe *saber*)
El (« le », article) ≠ ***Él*** (« il », pronom personnel)

3 La ponctuation

- **,** *la coma*
- **;** *el punto y coma*
- **.** *el punto*
- **:** *los dos puntos*
- **...** *los puntos suspensivos*
- **-** *el guión*

- **« »** *las comillas*
- **( )** *los paréntesis*
- **¿ ?** *los signos interrogativos*
- **¡ !** *los signos exclamativos*

4 Les numéraux cardinaux et les numéraux ordinaux

A. Les numéraux cardinaux

- Nombres cardinaux de 0 à 50

0 *cero*		**26** *veintiséis*
1 *uno*		**27** *veintisiete*
2 *dos*		**28** *veintiocho*
3 *tres*		**29** *veintinueve*
4 *cuatro*		**30** *treinta*
5 *cinco*		**31** *treinta y uno*
6 *seis*		**32** *treinta y dos*
7 *siete*		**33** *treinta y tres*
8 *ocho*		**34** *treinta y cuatro*
9 *nueve*		**35** *treinta y cinco*
10 *diez*		**36** *treinta y seis*
11 *once*		**37** *treinta y siete*
12 *doce*		**38** *treinta y ocho*
13 *trece*		**39** *treinta y nueve*
14 *catorce*		**40** *cuarenta*
15 *quince*		**41** *cuarenta y uno*
16 *dieciséis*		**42** *cuarenta y dos*
17 *diecisiete*		**43** *cuarenta y tres*
18 *dieciocho*		**44** *cuarenta y cuatro*
19 *diecinueve*		**45** *cuarenta y cinco*
20 *veinte*		**46** *cuarenta y seis*
21 *veintiuno*		**47** *cuarenta y siete*
22 *veintidós*		**48** *cuarenta y ocho*
23 *veintitrés*		**49** *cuarenta y nueve*
24 *veinticuatro*		**50** *cincuenta*
25 *veinticinco*		

Mais à partir de 16, l'espagnol dit : ***dieciséis*** (le « z » devient « c » et le « y » devient « i »).
Il en sera de même pour 17, 18 et 19.
Pour les chiffres de 21 à 29, le même type de modification aura lieu : 21 s'écrira ***veintiuno***.
Pour les autres dizaines, il n'y aura aucune contraction. On écrira donc ***treinta y uno***, etc.

Memento grammatical

• Nombres cardinaux de 50 à 1000

50 *cincuenta*
60 *sesenta*
70 *setenta*
80 *ochenta*
90 *noventa*
100 *cien, ciento*
200 *doscientos(as)*
300 *trescientos,(as)*

400 *cuatrocientos,(as)*
500 *quinientos,(as)*
600 *seiscientos,(as)*
700 *setecientos,(as)*
800 *ochocientos,(as)*
900 *novecientos,(as)*
1000 *mil*

Attention !

a) On n'emploie pas la conjonction **y** entre les centaines et les dizaines, ni entre les centaines et les unités.
➡ ***Ciento treinta***, ***ciento dos***.

b) Devant un nom masculin, ***uno*** devient ***un***.
➡ ***Veintiún*** *días*.
Au féminin, ***una*** ne varie pas.
➡ ***Veintiuna*** *chicas*.
Il n'y a que ***uno*** qui peut être masculin ou féminin, les autres chiffres sont invariables.

c) *Ciento* devient ***cien*** devant un nom masculin ou féminin ou un nombre qu'il multiplie.
➡ ***Cien casas, cien mil euros***.

B. Les numéraux ordinaux

1º *primero*(a
2º *segundo*(a)
3º *tercero*(a)
4º *cuarto*(a)
5º *quinto*(a)
6º *sexto*(a)

7º *séptimo*(a)
8º *octavo*(a)
9º *noveno*(a)
10º *décimo*(a)
11º *undécimo*(a)
12º *duodécimo*(a)

* On notera que deux de ces adjectifs, **primero** et **tercero**, subissent le phénomène de l'apocope lorsqu'ils sont placés devant des noms masculins singuliers.
➡ *En el* **primer** *párrafo*. Dans le premier paragraphe.

---

5 La formation du féminin et du pluriel

• Masculin en **-o** : féminin en **-a**
Pluriel en **-os, -as**
➡ *amig**o**, amig**a** / amig**os**, amig**as***

• Masculin en **-e** : féminin en **-e**
Pluriel en **-s**
➡ *trist**e** / trist**es***

• Masculin terminé par une consonne : Féminin + a
Pluriel **-es** / **-as**
➡ *Vendedo**r**, vendedo**ra** / vendedo**res**, vendedo**ras***
➡ *Francé**s**, france**sa** / france**ses**, france**sas***

Attention !

a) Certains noms sont invariables en genre.
➡ *El turista, la turista / el joven, la joven / el cantante, la cantante*, etc.

b) Certaines nationalités et certaines professions ne changent pas au féminin.
➡ *Marroquí, canadiense, belga, estadounidense*
➡ *Un hombre taxista, una mujer taxista*

c) Certains noms en **-a** sont masculins.
➡ *El problem**a**, el map**a***

d) Certains mots terminés en **-o** sont féminins.
➡ *La man**o**, la fot**o**, la radi**o***

e) Il y a une modification orthographique, au pluriel, lorsque la consonne finale est un **-z**.
➡ *La actriz → Las actrices*

f) Pour les mots finissant en **-s**, il y a deux possibilités :
– lorsque la syllabe finale est accentuée, on ajoute *-es*.
➡ *El interé**s** → Los intere**ses***
– lorsque la syllabe n'est pas accentuée, le mot est invariable.
➡ *La crisis → Las crisis*

---

6 Les articles

A. Les articles définis : *el, la / los, las*

***El** chico, **la** chica / **los** chicos, **las** chicas*

• Ils sont utilisés :
– pour l'heure :
➡ *Es **la** una*. Il est une heure (treize heures).
➡ *Son **las** tres*. Il est trois heures.
– pour les jours de la semaine :
➡ ***El** lunes voy a ver a Pablo*. Lundi je vais voir Pablo.
➡ ***Los** miércoles voy a la piscina*. Les mercredis je vais à la piscine.
– pour parler de l'âge :
➡ *Estudié hasta **los** veinte*. J'ai fait des études jusqu'à 20 ans.
– devant les noms de certains pays :
➡ *(**Los**) Estados Unidos, (**el**) Perú, (**el**) Ecuador, (**la**) India…*

155

– pour les pourcentages :
➡ *El 75% de los jóvenes tiene móvil.* 75 % des jeunes ont un téléphone portable.
– devant les mots *señor* et *señora* :
➡ *El señor Fernández.* Monsieur Fernández.

• L'article masculin **el** remplace l'article féminin **la** devant les mots féminins commençant par la syllabe tonique **a-** ou **ha-**.
➡ *El **a**gua, el **ha**mbre, el **ha**cha...*

• L'article **el** se contracte avec les prépositions **a** et **de**.
➡ *a + el* → *Vamos **al** teatro.* Nous allons au théâtre.
➡ *de + el* → *El lápiz **del** profesor.* Le crayon du professeur.

B. Les articles indéfinis au pluriel

Au pluriel, on n'utilise pas l'article indéfini.
➡ *¿Tienes hermanos?* As-tu des frères ?

C. L'article neutre : *lo*

Il accompagne toujours un adjectif ou un participe passé employé comme substantif :
➡ ***Lo** primero /* **lo** *último.* La première chose / la dernière chose.
➡ ***Lo** bueno /* **lo** *malo.* Ce qui est bien / l'inconvénient.
➡ ***Lo** mejor /* **lo** *peor.* Le meilleur / le pire.
➡ ***Lo** importante.* Ce qui est important.

7 Les pronoms interrogatifs

*¿**Qué** estudias?* Qu'étudies-tu ?
*¿**Quién** habla español?* Qui parle espagnol ?
*¿**Quiénes** son **tus padres**?* Qui sont tes parents ?
*¿**Por qué** estudias español?* Pourquoi étudies-tu l'espagnol ?
*¿**Cómo** te llamas?* Comment t'appelles-tu ?
*¿**Dónde** trabajas?* Où travailles-tu ?
*¿**Cuántos años** tienes?* Quel âge as-tu ?
*¿**Cuántas páginas** tiene el libro?* Combien de pages a ce livre ?
*¿**Cuál** es tu nacionalidad?* De quelle nationalité es-tu ?
*¿**Cuáles** son **tus apellidos**?* Quel est ton nom ?

Attention !
a) Les pronoms interrogatifs sont toujours accentués sur la première syllabe.
b) Dans les phrases interrogatives et exclamatives, le point d'exclamation et le point d'interrogation sont doubles : en fin de phrase et à l'envers en début de phrase.

8 Les diminutifs

• *-ito* ou *-illo* pour les mots de plusieurs syllabes terminés par **-a**, **-o** ou une consonne (sauf **-n** et **-r**).
➡ *Una cas**ita** (una cas**a**) / un baul**ito** (un baú**l**)*
• *-cito* ou *-cillo* pour les mots de plusieurs syllabes terminés par **-e**, **-n**, **-r**.
➡ *Una cancion**cita** (una canción) / un amor**cillo** (un amor)*
• *-ecito* ou *-ecillo* pour les mots d'une syllabe.
➡ *Una flor**ecita** (una flor), una nav**ecilla** (una nave)*

9 Les adverbes

A. Les adverbes en *-mente*

• Ces adverbes se forment à partir des adjectifs qualificatifs au féminin auxquels est ajoutée la terminaison -mente.
➡ *lento-lenta* → **lentamente**
➡ *breve* → **brevemente**
➡ *fácil* → **fácilmente**
• Lorsque plusieurs adverbes se suivent, seul le dernier prend la forme complète, les autres restent au féminin.
➡ *Limpia y rápida**mente**.* Proprement et rapidement.
• L'adverbe *recientemente* s'apocope devant un adjectif ou un participe passé.
➡ *El bebé **recién** nacido.* Le nouveau-né.

B. Les adverbes de lieu *aquí, acá, ahí, allí, allá*

Aquí s'utilise pour désigner ce qui est proche du locuteur. *Ahí* indique ce qui se trouve à moyenne distance. *Allí* et *allá* indiquent ce qui est éloigné.

C. L'adverbe de temps *ya* (« déjà »)

➡ ***Ya** lo sabía.* Je le savais déjà.

D. Les adverbes *aún* et *todavía* (« encore » ou « toujours »)

➡ *No ha llegado **todavía**.* Il n'est pas encore arrivé.

E. Les adverbes de manière *así* et *así pues* (« ainsi » et « ainsi donc »)

➡ ***Así** se baila el tango.* C'est ainsi qu'on danse le tango.

Memento grammatical

F. Les adverbes de concession *aun, hasta, incluso, inclusive* (« même »)

➡ *Han llegado las rebajas e **incluso** en las tiendas de lujo.* Ce sont les soldes même dans les boutiques de luxe.

G. Les adverbes de quantité et d'intensité *poco, mucho, tanto, demasiado, bastante*

➡ *Come **poco**.* Il mange peu.
➡ *Duerme **mucho**.* Il dort beaucoup.

H. Les adverbes à forme d'adjectif *rápido, bajo, grave, claro*

Certains adjectifs peuvent être employés sous une forme adverbiale. Ils sont alors invariables.
➡ *Vas **rápido**.* Tu vas vite.

I. La place de l'adverbe avec un verbe aux temps composés

L'adverbe ne doit pas séparer l'auxiliaire de son participe passé. Il se place avant ou après le verbe.
➡ *Ha comido **mucho**.* Il a beaucoup mangé.

10 | Les comparatifs

A. Les comparatifs avec un adjectif

a) Le comparatif de supériorité : ***más… que*** (plus… que)
➡ *El avión es **más** rápido **que** el tren.* L'avion est plus rapide que le train.

b) Le comparatif d'infériorité : ***menos … que*** (moins… que)
➡ *El autobús es **menos** rápido **que** el tren.* L'autobus est moins rapide que le train.

c) Le comparatif d'égalité : ***tan… como*** (aussi… que)
➡ *El tren es **tan** cómodo **como** el autobús.* Le train est aussi pratique que l'autobus.

B. Le comparatif d'égalité avec un nom

a) Il deviendra ***tanto*** et se traduira alors par « autant ».
➡ *Me gusta **tanto** la caza **como** la pesca.* J'aime autant la chasse que la pêche.

b) Il s'accordera avec le nom et se traduira par « autant de ».
➡ *Tiene **tantos** hermanos **como** yo.* Il a autant de frères que moi.

C. Les comparatifs irréguliers

bueno : **mejor** malo : **peor**
pequeño : **menor** grande : **mayor**

11 | Les superlatifs

A. Le superlatif absolu

Muy + adjectif ou suffixe **-ísimo, -ísima, ísimos, -ísimas**
*Dos cuadros **muy** famosos.* = *dos cuadros **famosísimos**.*

B. Le superlatif relatif

Article + nom + ***más/menos*** + adjectif
➡ *Es el chico **más** simpático que conozco.* C'est le garçon le plus sympathique que je connaisse.
Article + ***más/menos*** + adjectif
➡ *Este chico es el **más** simpático.*

Attention !
Les superlatifs irréguliers sont les mêmes que les comparatifs irréguliers, mais précédés de l'article défini :
el mejor, la mejor / el peor, la peor / el menor, la menor / el mayor, la mayor

12 | Les possessifs

A. Les adjectifs possessifs

Adjectifs possessifs	
Singulier	**Pluriel**
mi mon / ma	**mis** mes
tu ton / ta	**tus** tes
su son / sa	**sus** ses
nuestro, nuestra notre	**nuestros, nuestras** nos
vuestro, vuestra votre	**vuestros, vuestras** vos
su leur	**sus** leurs

157

Les adjectifs possessifs s'accordent en genre et en nombre avec le nom qu'ils introduisent.

➡ **Mis** apellidos son Romero López. Mon nom est Romero López.

➡ Es **su** mejor amigo. C'est son meilleur ami.

B. Les pronoms possessifs

Pronoms possessifs	
Singulier	**Pluriel**
el mío / la mía le mien / la mienne	**los míos / las mías** les miens / les miennes
el tuyo / la tuya le tien / la tienne	**los tuyos / las tuyas** les tiens / les tiennes
el suyo / la suya le sien / la sienne	**los suyos / las suyas** les siens / les siennes
el nuestro / la nuestra le nôtre / la nôtre	**los nuestros / las nuestras** les nôtres
el vuestro / la vuestra le vôtre / la vôtre	**los vuestros / las vuestras** les vôtres
el suyo / la suya le leur / la leur	**los suyos / las suyas** les leurs

Les pronoms possessifs, précédés ou non de l'article, s'accordent en genre et en nombre avec le substantif auquel ils se rapportent.

➡ Son **suyos**. Ce sont les siens.

➡ Es **mío**. C'est le mien.

13 | Les démonstratifs

Les démonstratifs servent à montrer. Ils définissent la situation d'êtres ou de choses dans l'espace ou dans le temps.

Les adjectifs et les pronoms démonstratifs se répartissent en trois grands groupes en fonction de l'éloignement dans le temps, dans l'espace et par rapport à la personne.

1e degré de distance : relativement proche de la personne qui parle et correspond au temps présent.

2e degré de distance : ni proche ni loin. Se situe entre les deux.

3e degré de distance : relativement loin de la personne qui parle. Il correspond le plus souvent à un temps du passé.

Degrés de distance	Adjectifs		Pronoms	
1e degré : **Aquí/Yo** Temps présent	**este** ce	**estos** ces	**éste** celui-ci	**éstos** ceux-ci
	esta cette	**estas** ces	**ésta** celle-ci	**éstas** celles-ci
2e degré : **Ahí/Tú** Passé ou futur proches	**ese** ce	**esos** ceux	**ése** celui-là	**ésos** ceux-là
	esa cette	**esas** ces	**ésa** celle-là	**ésas** celles-là
3e degré : **Allí/Él** Passé ou futur très éloigné	**aquel** ce	**aquellos** ces	**aquél** celui-là	**aquéllos** ceux-là
	aquella cette	**aquellas** ces	**aquélla** celle-là	**aquéllas** celles-là

Attention !

Les pronoms démonstratifs portent un accent écrit (sur le premier « e ») qui les distingue des adjectifs démonstratifs.

– ¿Cuánto cuestan **estas** naranjas? Combien valent ces oranges ?

– ¿Qué naranjas? Quelles oranges ?

– **Éstas**. Celles-ci.

Il existe également une forme neutre : **esto**, **eso**, **aquello** obéissant aux mêmes valeurs que les adjectifs et les autres pronoms.

➡ No necesito **esto**. Je n'ai pas besoin de cela.

14 | Les prépositions

A. Les prépositions de lieu

en

L'endroit où l'on se trouve.

➡ Estoy **en** Costa Rica. Je suis au Costa Rica.

a

L'endroit où l'on va.

➡ Van **a** Portugal. Ils vont au Portugal.

de

L'endroit d'où l'on vient.

➡ Yo vengo **de** Bolivia. J'arrive de Bolivie.

por

Le lieu par où l'on passe.

➡ El tren pasa **por** Madrid. Le train passe par Madrid.

Memento grammatical

para

Indique une destination.

➡ *El tren de las tres sale* **para** *Sevilla*. Le train de trois heures va à Séville.

desde (lieu de départ) et **hasta** (lieu d'arrivée)

➡ *El tren va* **desde** *Valladolid* **hasta** *Madrid*. Le train va de Valladolid jusqu'à Madrid.

B. La préposition *para* (pour)

• Une échéance précise :

➡ *Hay que organizar una salida* **para** *mañana*. Il faut organiser une sortie pour demain.

• L'approximation :

➡ *Lo haré* **para** *mañana*. Je le ferai pour demain.

• L'attribution :

➡ *Esta guía de Barcelona es* **para** *ti*. Ce guide sur Barcelone est pour toi.

• Le but :

➡ *Emigra* **para** *poder trabajar*. Il émigre pour pouvoir travailler.

• Le point de vue :

➡ **Para** *mí, esta ciudad es una de las más bonitas de España*. Pour moi, c'est une des plus jolies villes d'Espagne.

C. La préposition *por* (par, pour)

• L'endroit dans lequel on se déplace :

➡ *Los pasajeros viajan* **por** *toda la provincia*. Les passagers voyagent à travers toute la région.

• La durée :

➡ *Nos vamos de vacaciones* **por** *quince días*. Nous partons pour quinze jours de vacances.

• L'approximation :

➡ *Vendremos* **por** *las vacaciones de Navidad*. Nous viendrons pour les vacances de Noël.

• La périodicité :

➡ *Nos vamos de vacaciones una vez* **por** *año*. Nous partons une fois par an en vacances.

• Les locutions de temps : **por** *la mañana /* **por** *la tarde /* **por** *la noche /* **por** *hoy /* **por** *el momento*

• La cause :

➡ *No quiere ir a Málaga durante el verano* **por** *el calor*. Il ne veut pas aller à Malaga pendant l'été à cause de la chaleur.

• Devant le complément d'agent :

➡ *El viaje fue realizado* **por** *un grupo de jóvenes*. Le voyage fut effectué par un groupe de jeunes.

D. La préposition *a* (à)

• Marque la destination (lieu, personne).

➡ *Escribo* **a** *mis amigos*. J'écris à mes amis.

• S'emploie devant les C.O.D. qui représentent une personne ou un animal, surtout après les verbes de perception.

➡ *Quiero* **a** *Pedro*. J'aime Pedro.

E. La préposition *con* (avec)

• Marque l'accompagnement.

➡ *Voy al cine* **con** *Ana*. Je vais au cinéma avec Ana.

• Marque le moyen ou la manière.

➡ **Con** *el tiempo, todo pasa*. Avec le temps, tout passe.

F. L'absence de préposition après certains verbes

• **Decidir** + infinitif

➡ **Decidió** *casarse*. Il décida de se marier.

• **Permitir** + infinitif

➡ *Su riqueza le* **permite** *ayudar a los más necesitados*. Sa richesse lui permet d'aider les plus démunis.

• **Ser** + adjectif + infinitif

➡ **Es** *difícil luchar contra las injusticias*. C'est difficile de lutter contre les injustices.

15 | L'apocope

a) Le phénomène de l'apocope se caractérise par la chute de la voyelle finale de ces adjectifs lorsqu'ils sont employés devant un nom masculin singulier. Ces adjectifs ne sont pas très nombreux, en voici quelques uns parmi les plus employés :

grande : **gran**
bueno : **buen**
malo : **mal**
primero : **primer**
tercero : **tercer**
alguno : **algún**
ninguno : **ningún**
cualquiera : **cualquier**

159

b) On garde la forme **cualquier** devant un nom féminin singulier.

➡ **Cualquier** *mujer.* N'importe quelle femme.

Santo: **San** devant un nom propre masculin, sauf pour les prénoms commençant par **To-** et **Do-**.

➡ **San** *Pedro*

➡ **Santo** *Tomás,* **Santo** *Tomé,* **Santo** *Toribio,* **Santo** *Domingo*

Selon le contexte, le sens de certains de ces adjectifs peut varier en fonction de sa position vis-à-vis du nom :

➡ *Un hombre* **grande***.* Un homme de grande taille. ≠ *Un* **gran** *hombre.* Un grand homme.

16 Les pronoms personnels

A. Les pronoms personnels sujets

yo tú él, ella, usted	nosotros, nosotras vosotros, vosotras ellos, ellas, ustedes

Ils sont peu employés car la terminaison verbale permet d'identifier qui parle.

On les emploie pour insister.

➡ *¡***Yo** *trabajo mientras que* **tú** *descansas!* Je travaille pendant que tu te reposes !

On les emploie également lorsqu'il y a confusion sur la personne.

➡ **Yo** *sí lo decía, mientras que* **él** *no lo decía.* Je le disais alors que lui ne le disait pas.

B. Les pronoms personnels COD : *lo, los, la, las*

Ils répondent à la question «**qui ?**» ou «**quoi ?**».

➡ **La** *ignoran.* Ils l'ignorent.

On peut dire **le**, **les** au lieu de **lo**, **los** si le pronom se réfère à une personne de sexe masculin.

➡ *Espera a Juan.* = **Le (lo)** *espera.*

Mais on dira toujours :

Espera el autobús. = **Lo** *espera.*

Le C.O.D. de personne est toujours précédé de la préposition **a**.

➡ *Espera* **a** *Juan.* Il attend Juan.

C. Les pronoms personnels COI : *le, les*

➡ **Le** *hablo.* Je lui parle.

➡ **Les** *doy la carta.* Je leur donne la lettre.

D. L'ordre des pronoms compléments

En français, l'ordre varie. En espagnol le pronom C.O.I. est toujours devant le pronom C.O.D.

➡ **Me lo** *dices.* → Tu me le dis.

➡ *Dí***melo***.* → Dis-le moi.

Lorsque deux pronoms de la troisième personne se suivent, le premier (c'est-à-dire le pronom C.O.I.) devient **se** dans tous les cas.

➡ **Les** *doy su regalo.* → **Se** *lo doy.*
Je leur donne leur cadeau. → Je le leur donne.

Lorsque le verbe est à l'infinitif ou au gérondif, le pronom est placé à la fin du verbe et il est soudé à lui.

➡ *Voy a esperar***le***.* Je vais l'attendre.

➡ *Está esperándo***le***.* Il est en train de l'attendre.

17 Les relatifs

● Pour les personnes ou les choses : **que**

➡ *Oímos la voz de Alberto* **que** *gritaba.* Nous entendîmes Alberto qui criait.

● Pour les personnes complément d'objet direct avec une préposition: quien, quienes

➡ *La persona* **a quien** *miras es Alberto. / Las personas* **con quienes** *habláis son mis amigos.*
La personne que tu regardes c'est Alberto. / Les personnes avec lesquelles vous parlez ce sont mes amis.

● Pour traduire «dont» quand il est complément de nom : **cuyo(s)**, **cuya(s)**, toujours placé entre deux noms.

➡ *Vivo en un país* **cuyo** *clima es húmedo.* Je vis dans un pays dont le climat est humide.

● **El cual, la cual, los cuales, las cuales, el que, la que, los que, las que** sont les équivalents de «lequel, laquelle, lesquels, etc.» Ils s'emploient pour les personnes et les choses.

➡ *El chico con* **el que** *trabajo.* Le garçon avec lequel je travaille.

● Traduction de «c'est… qui» / «c'est … que»
«C'est» s'accorde avec le temps et la personne du verbe de la subordonnée.

➡ **Fue** *este hombre* **quien** *lo salvó.* C'est cet homme qui l'a sauvé.

● Quant au relatif, il sera traduit différemment selon le sens de la phrase.

➡ *Es en México* **donde** *vive.* C'est au Mexique qu'il habite. (idée de lieu)

Memento grammatical

➡ *Fue en 1492 **cuando** Cristóbal Colón descubrió América.* C'est en 1492 que Christophe Colomb découvrit l'Amérique. (idée de temps)

18 Les verbes à diphtongue

Ils subissent une modification aux formes conjuguées du présent, aux 1e, 2e, 3e personnes du singulier et à la 3e personne du pluriel : la voyelle qui précède l'infinitif se transforme en deux voyelles.

Il y a deux types de diphtongues :
– Le **e** est remplacé par **ie**.
– Le **o** ou le **u** sont remplacés par **ue**.

Querer	Poder	Jugar
qu**ie**ro	p**ue**do	j**ue**go
qu**ie**res	p**ue**des	j**ue**gas
qu**ie**re	p**ue**de	j**ue**ga
queremos	podemos	jugamos
queréis	podéis	jugáis
qu**ie**ren	p**ue**den	j**ue**gan

Attention !

Il n'y pas de modification aux deux premières personnes du pluriel.
Cette modification ne concerne que les temps du présent : présent de l'indicatif et présent du subjonctif.

● Principaux verbes à diphtongue **e > ie**

Verbes en -*ar*
cal**e**ntar (chauffer, réchauffer)
c**e**rrar (fermer)
com**e**nzar (commencer)
conf**e**sar(se) (confesser, se confesser)
desp**e**rtar(se) (réveiller, se réveiller)
emp**e**zar (commencer)
enc**e**rrar (enfermer)
fr**e**gar (laver)
n**e**gar(se) a (nier, refuser)
n**e**var (neiger)
p**e**nsar (penser)
recom**e**ndar (recommander)
s**e**ntar(se) (assoir, s'assoir)

Verbes en -*er*
def**e**nder(se) (défendre, se défendre)
enc**e**nder (allumer)

ent**e**nder (comprendre)
p**e**rder (perdre)
qu**e**rer (aimer, vouloir)
t**e**nder (tendre, étendre)

Verbes en -*ir*
conv**e**rtir(se) (convertir, se convertir)
div**e**rtir(se) (amuser, s'amuser)
h**e**rir (blesser)
m**e**ntir (mentir)
pref**e**rir (préférer)
ref**e**rir(se) (rapporter, se rapporter)
s**e**ntir (sentir)
sug**e**rir (suggérer)

● Principaux verbes à diphtongue **u > ue** et **o > ue**

Verbes en -*ar*
ac**o**rdarse de (rappeler, se rappeler de)
ac**o**star(se) (coucher, se coucher)
apr**o**bar (réussir)
c**o**lgar (accrocher, raccrocher)
c**o**ntar (raconter)
cons**o**lar (consoler)
compr**o**bar (vérifier)
c**o**star (coûter)
dem**o**strar (démontrer)
enc**o**ntrar(se) ((se)trouver)
m**o**strar (montrer)
pr**o**bar (essayer, goûter)
rec**o**rdar (rappler, se rappeler)
s**o**nar (sonner)
s**o**narse (se moucher)
s**o**ñar con (rêver de)
v**o**lar (voler)
j**u**gar (jouer)

Verbes en -*er*
dev**o**lver (rendre)
d**o**ler (faire mal)
ll**o**ver (pleuvoir)
m**o**rder (mordre)
m**o**ver (se) ((se) bouger)
p**o**der (pouvoir)
res**o**lver (résoudre)
s**o**ler (avoir l'habitude de)
v**o**lver (retourner)

Verbes en -*ir*
d**o**rmir (dormir)
m**o**rir (mourir)

161

19 Les verbes à affaiblissement

● Cette irrégularité s'applique à certains verbes en -ir dont la dernière voyelle du radical est en e.

● Le e se change en i. Comme pour les verbes à diphtongue, cette modification ne s'applique qu'aux trois premières personnes et à la dernière personne du pluriel et seulement au présent.

Pedir	Conseguir
pido	consigo
pides	consigues
pide	consigue
pedimos	conseguimos
pedís	conseguís
piden	consiguen

● Principaux verbes à affaiblissement : **e > i**
conseguir (obtenir)
corregir (corriger)
despedir (licencier)
despedirse de (prendre congé de)
elegir (choisir)
freír (frire)
impedir (empêcher)
medir (mesurer)
pedir (demander)
perseguir (poursuivre)
reír(se) (rire)
reñir (gronder)
repetir (répéter)
seguir (suivre)
servir (servir)
sonreír (sourire)
vestir(se) (habiller, s'habiller)

20 Les verbes se terminant par -uir

Pour certains verbes, on ajoute un y au radical devant les voyelles a, e, o.

Concluir
concluyo
concluyes
concluye
concluimos
concluís
concluyen

Attention !
Les verbes qui se terminent en **-guir**, comme **distinguir** (suivre), n'ont pas cette particularité.

21 Les verbes se terminant par -ecer, -ocer, -ucir et -acer

● Le c devient zc devant o et a.

Agradecer	Conocer
agradezco	conozco
agradeces	conoces
agradece	conoce
agradecemos	conocemos
agradecéis	conocéis
agradecen	conocen

Conducir	Complacer
conduzco	complazco
conduces	complaces
conduce	complace
conducimos	complacemos
conducís	complacéis
conducen	complacen

● Principaux verbes se terminant par -ecer, -ocer, -ucir et -acer

-ecer
agradecer (être reconnaissant)
aparecer (apparaître)
desaparecer (disparaître)
parecer(se) (paraître, sembler)
apetecer (désirer, avoir envie)
crecer (croître, augmenter)
empobrecer(se) (appauvrir)
enriquecer(se) (enrichir)
entristecer(se) (attrister)
merecer(se) (mériter, valoir)
obedecer (obéir)
ofrecer (offrir)
permanecer (rester, demeurer)
pertenecer (appartenir)

-ocer
conocer (connaître, rencontrer)
desconocer (méconnaître, ignorer)
reconocer (reconnaître)

Memento grammatical

-ucir

conducir (conduire, mener)
deducir (déduire)
introducir (introduire)
producir (produire)
reducir (réduire)

-acer

complacer (rendre heureux, faire plaisir)
nacer (naître)

Attention !

Cette règle ne s'applique pas pour le verbe *hacer*.

22 Les verbes dont la 1ʳᵉ personne est irrégulière

Caber	Caer	Hacer	Poner
quepo	**caigo**	**hago**	**pongo**
cabes	caes	haces	pones
cabe	cae	hace	pone
cabemos	caemos	hacemos	ponemos
cabéis	caéis	hacéis	ponéis
caben	caen	hacen	ponen

Salir	Traer	Valer
salgo	**traigo**	**valgo**
sales	traes	vales
sale	trae	vale
salimos	traemos	valemos
salís	traéis	valéis
salen	traen	valen

23 Les verbes avec deux irrégularités

Decir	Oír	Tener	Venir
digo	**oigo**	**tengo**	**vengo**
dices	oyes	tienes	vienes
dice	oye	tiene	viene
decimos	oímos	tenemos	venimos
decís	oís	tenéis	venís
dicen	oyen	tienen	vienen

24 Autres verbes irréguliers

Estar	Haber	Ir	Ser
estoy	**he**	**voy**	**soy**
estás	**has**	**vas**	**eres**
está	**ha**	**va**	**es**
estamos	**hemos**	**vamos**	**somos**
estáis	habéis	**vais**	**sois**
están	**han**	**van**	**son**

Ver	Dar	Saber
veo	**doy**	**sé**
ves	das	sabes
ve	da	sabe
vemos	damos	sabemos
veis	dais	sabéis
ven	dan	saben

Attention !

Haber ne s'utilise pas seul. C'est un auxiliaire qui sert à former les temps composés.

25 Être : *ser* et *estar*

• Il existe deux verbes en espagnol pour traduire «être» : *ser* et *estar*.
Ser exprime une qualité et sert à définir. Pour cette raison, avant un article, il faut toujours employer *ser*.
Estar, par contre, exprime un état.

• *Ser* permet d'exprimer une caractéristique essentielle, une qualité qui ne dépend pas des circonstances.
On l'emploie :
– pour décliner son identité :
➡ *Soy* Alberto. Je suis Alberto.
– pour indiquer sa profession :
➡ *Soy* mecánico. Je suis mécanicien.
– pour exprimer sa nationalité :
➡ *Soy* español. Je suis espagnol.
– Pour exprimer l'heure :
➡ *Son* las dos. Il est deux heures.
– Pour traduire «c'est» suivi d'un nom ou d'un pronom :
➡ *Es* un amigo. C'est un ami.
➡ *Soy* yo. C'est moi.

• *Estar* signifie «être» mais dans le sens de «se trouver». Il exprime l'idée de se trouver dans un lieu, dans un état ou dans une situation.

- On l'emploie :
– suivi d'un adjectif pour exprimer un état, qui peut être durable ou non.
➡ **Estamos** *inquietos porque no ha llegado todavía.* Nous sommes inquiets parce qu'il n'est toujours pas arrivé.
– pour exprimer le résultat d'une action.
➡ **Está** *herido.* Il est blessé.
– pour traduire « c'est » suivi d'un participe passé ou d'un adverbe.
➡ **Está** *acabado.* C'est terminé.
– pour traduire l'expression « être en train de + infinitif ».
➡ **Estoy** *bebiendo agua.* Je suis en train de boire.

26 Le gérondif des verbes réguliers

A. Formation

- Verbes en -**ar** : radical + -**ando**
hablar : *habl**ando***
➡ *Están **esperando** a Luis.* Ils sont en train d'attendre Luis.

- Verbes en -**er** et -**ir** : radical + -**iendo**
comer : *com**iendo** ; descubrir* : *descubr**iendo***
➡ *Está **comiendo** con su amigo.* Elle est en train de manger avec son ami.
➡ *Estamos **descubriendo** Sevilla.* Nous sommes en train de découvrir Séville.

B. Emplois

- Seul, il traduit la manière.
➡ ***Andando.*** En marchant.

- **Estar** + gérondif traduit l'action en train de se faire.
➡ ***Estoy comiendo.*** Je suis en train de manger.

- **Seguir** + gérondif traduit la continuité.
➡ ***Sigue comiendo** caramelos aunque el dentista se lo ha prohibido.* Il continue à manger des bonbons alors que le dentiste le lui a interdit.

- **Ir** + gérondif traduit la progression.
➡ *El tren **va alejándose** de la estación.* Le train s'éloigne peu à peu de la station.

27 Le tutoiement et le vouvoiement

- Pour s'adresser à une seule personne, on peut :
– tutoyer si l'on connaît la personne, si l'on a le même âge ou si l'interlocuteur est plus jeune.
➡ *¿Y **tú** Juan, cuántos años **tienes**?* Et toi Juan, quel âge as-tu ?

Ici on emploiera donc, comme en français, le verbe à la deuxième personne du singulier.
– vouvoyer si l'on ne connaît pas la personne ou s'il y a une grande différence d'âge.
➡ *¿De qué ciudad **es usted**?* De quelle ville êtes-vous ?
On emploiera donc le verbe à la troisième personne du singulier et on ajoutera **usted**, le pronom de politesse.

- Pour s'adresser à plusieurs personnes, on peut :
– tutoyer. On emploiera donc, comme en français, la deuxième personne du pluriel.
➡ *¿Cómo **estáis**?* Comment allez-vous ?
– vouvoyer. On emploiera donc le verbe à la troisième personne du pluriel et on ajoutera **ustedes**.
➡ *¿Cómo **están ustedes**?* Comment allez-vous ?

28 Les verbes de type *gustar*

A. Construction du verbe *gustar*

- ***gustar*** est l'équivalent de « plaire » en français et se construit d'ailleurs de la même façon. J'aime regarder les vitrines. = Ça me plaît de regarder les vitrines.
➡ *Me **gusta** mirar los escaparates.*

- L'emploi de ce verbe implique obligatoirement :
– l'utilisation d'un pronom complément.
➡ ***Me** gusta la fruta.* (**a mí**) J'aime les fruits.
➡ ***Le** gusta la fruta.* (**a él / a ella**) Elle aime les fruits.
– l'accord du verbe avec l'objet qui nous plaît.
➡ *Me gust**an los** churros.* J'aime les churros.

Attention !
Si le sujet est une personne désignée autrement que par un pronom personnel, il sera nécessairement précédé de la préposition **a**.
➡ ***Al chico**, le gustan los zapatos que brillan.* Le garçon aime les chaussures qui brillent.
Les verbes suivants se construisent sur le même modèle : ***interesar, encantar, parecer, doler, importar*…**

29 L'obligation

Elle peut être personnelle ou impersonnelle.

A. Obligation personnelle

- **Tener que** + infinitif
➡ ***Tenemos que respetar** las leyes.* Nous devons respecter les lois.

Memento grammatical

- **Deber** + infinitif
➡ *Los ciudadanos **deben seguir** las normas.*
Les citoyens doivent suivre les règles.

- **Haber de** + infinitif
➡ ***Ha de** estudiar mucho.* Il doit beaucoup étudier.

B. Obligation impersonnelle

- **Hay que** + infinitif
➡ ***Hay que ser** solidario con los demás.* Il faut être solidaire.

- **Hacer falta** + infinitivo
➡ ***Hace falta tener** un buen trabajo.* C'est indispensable d'avoir un bon travail.

- **Es necesario / es preciso / es obligatorio**...+ infinitif
➡ ***Es preciso contar** con un buen sistema de salud.* Il faut compter sur un bon système de santé.

- **Es necesario que / es preciso que / es obligatorio que** + subjontif
➡ ***Es preciso que se cuente** con un buen sistema de salud.*

30 « Il y a » : *hay* et *hace*

- **Hay** est utilisé pour signaler la présence de quelqu'un ou de quelque chose.
➡ *En mi barrio, **hay** bares.* Dans mon quartier, il y a des bars.

- **Hace** s'utilise pour exprimer une durée.
➡ ***Hace** más de dos años que vivo en este barrio.* Cela fait plus de deux ans que je vis dans ce quartier.

Attention !
Lorsque **hace** est precédé de **desde**, il signifie « depuis ».
➡ *Vivo en este barrio **desde hace** dos años.* Je vis dans ce quartier depuis deux ans.

31 Les indéfinis

A. Les adjectifs indéfinis

Ils fournissent des informations sur, la quantité, l'intensité et l'identité du nom qu'ils déterminent.

1. Notion de quantité

- **Poco(s)**, **poca(s)** : peu

- **Alguno(s)**, **alguna(s)** : quelques
➡ ***Algunos** se van de casa a los 30 años.*

- **Ninguno**, **ninguna** : aucun(e)
➡ ***Ninguno** quiere independizarse a los 20 años.*

Attention !
Alguno et **ninguno** perdent leur -o final et prennent un accent s'ils sont placés devant un nom masculin singulier : **algún** et **ningún**.
➡ *Los jóvenes tienen **algún** motivo para no independizarse. No tienen **ningún** motivo.*

- **Bastante(s)** : assez de, un certain nombre de
➡ *Hace **bastante** tiempo.*

- **Demasiado(s)**, **demasiada(s)** : trop de
➡ *Hay **demasiados** errores.*

- **Mucho(s)**, **mucha(s)** : beaucoup de, de nombreux, de nombreuses
➡ ***Muchas** personas piensan que es correcto.*

- **Todo(s)**, **toda(s)** : tout, tous, toute, toutes
➡ *¿**Todos** estáis aquí?*

- **Varios(as)** : plusieurs
➡ ***Varios** días después.*

- **Cierto(s)**, **cierta(s)** : certain(s), certaine(s)
➡ ***Ciertas** compañías.*

- **Tanto(s)**, **tanta(s)** : tant de
➡ ***Tanto** despilfarro.*

- **Cada** : chaque
➡ ***Cada** empleado es responsable de su trabajo.*
Cada + nom peut aussi se traduire par « tous les », « toutes les » pour exprimer la fréquence d'une action.

- **Ambos**, **ambas** : les deux
➡ ***Ambas** estudian FP.*

2. Notion d'identité ou d'appartenance

- **Cualquiera** : n'importe quel, n'importe quelle
➡ ***Cualquier** tarea.*

- **Otro(s)**, **otra(s)** : un autre, une autre, d'autres
➡ *Hay **otros** ejercicios.*

- **Mismo(s)**, **misma(s)** : même(s)
➡ *No son las **mismas** prendas que las mías.*

- **Propio(s)**, **propia(s)** : propre(s), même(s)
➡ *Tiene su **propia** tienda.*

B. Les pronoms indéfinis

Ils peuvent être employés sans que le nom qu'ils déterminent soit exprimé : **uno(s), una(s), alguno(s), alguna(s), ninguno(a), ambos(as), otro(s), otra(s), cualquiera, todo(s), toda(s), mucho(s), mucha(s)**.

165

- **Alguien**: quelqu'un de particulier (invariable) ≠ **nadie** : personne (invariable)
➡ **¿Alguién** está de acuerdo con Esteban? / **Nadie** está de acuerdo con él.

- **Algo** : quelque chose ≠ **nada** : rien
Quiere **algo**. ≠ No quiere **nada**.
Nada et **nadie** ont deux constructions possibles.
➡ **No** dice **nada. Nada** dice.
➡ **No** protesta **nadie. Nadie** protesta.

Attention !
Nadie et **alguien** ne peuvent désigner que des personnes.

32 Les temps verbaux

A. Le présent de l'indicatif

- Les verbes réguliers en -ar. Les terminaisons sont les suivantes : **-o, -as, -a, -amos, -áis, -an**

Hablar	Llamarse
(yo) habl**o**	me llam**o**
(tú) habl**as**	te llam**as**
(él/ella) habl**a**	se llam**a**
(nosotros) habl**amos**	nos llam**amos**
(vosotros) habl**áis**	os llam**áis**
(ellos/ellas) habl**an**	se llam**an**

Attention !
Le verbe **llamarse** est un verbe réfléchi.
En français, le pronom réfléchi se met avant le verbe à l'infinitif : « **s'**appeler ». En espagnol, on accroche le pronom à la fin du verbe à l'infinitif : llamar**se**.
On appelle ce phénomène l'enclise. En revanche, quand le verbe est conjugué, les pronoms sont placés devant comme en français.
➡ **Te** llamas Alberto. Tu t'appelles Alberto.

- Les verbes réguliers en -er. Les terminaisons sont les suivantes : **-o, -es, -e, -emos, -éis, -en**

Comer
com**o**
com**es**
com**e**
com**emos**
com**éis**
com**en**

- Les verbes réguliers en -ir
Radical + **-o, -es, -e, -imos, -ís, -en**

Vivir
viv**o**
viv**es**
viv**e**
viv**imos**
viv**ís**
viv**en**

B. L'imparfait de l'indicatif

- Les verbes réguliers en -ar
Radical + **-aba, -abas, -aba, -ábamos, -abáis, -aban**

Cantar
cant**aba**
cant**abas**
cant**aba**
cant**ábamos**
cant**abáis**
cant**aban**

- Les verbes réguliers en -er et -ir
Radical + **-ía, -ías, -ía, -íamos, -íais, -ían**

Comer	Vivir
com**ía**	viv**ía**
com**ías**	viv**ías**
com**ía**	viv**ía**
com**íamos**	viv**íamos**
com**íais**	viv**íais**
com**ían**	viv**ían**

- Les verbes irréguliers
Il n'y a que trois verbes irréguliers à l'imparfait.

Ver	Ir	Ser
veía	**iba**	**era**
veías	**ibas**	**eras**
veía	**iba**	**era**
veíamos	**íbamos**	**éramos**
veíais	**ibais**	**erais**
veían	**iban**	**eran**

166

Memento grammatical

C. Le subjonctif présent

• *Formation du subjonctif présent des verbes réguliers*
– Pour les verbes en **-ar** : la terminaison est en **-e**
➡ *Ganar* : gan**e**, gan**es**, gan**e**, gan**emos**, gan**éis**, gan**en**
– Pour les verbes en **-er** et **-ir** : la terminaison est en **-a**
➡ *Vivir* : **viva**, viv**as**, viv**a**, viv**amos**, viv**áis**, viv**an**

• *Formation du subjonctif présent des verbes irréguliers*
Pour former le subjonctif présent des verbes irréguliers (en général ce sont les mêmes qu'au présent de l'indicatif), on prend la première personne du singulier du présent de l'indicatif et on remplace le **-o** final par **-a**.
Tener : tenga, tengas, tenga, tengamos, tengáis, tengan
➡ **Tengo** un hijo. → Quizás algún día, **tenga** un hijo.

Attention !
– Deux verbes irréguliers au présent de l'indicatif sont réguliers au subjonctif présent :
Dar : **d**é (accent écrit sur le « é » à la première et à la troisième personne du singulier)
Estar : **esté** (accent écrit sur le « é » à toutes les personnes sauf à la première du pluriel)
– Certains verbes irréguliers ne se forment pas à partir du présent de l'indicatif :
Ir : voy (présent) / **vaya** (subjonctif présent)
Saber : sé (présent) / **sepa** (subjonctif présent)
Ser : soy (présent) / **sea** (subjonctif présent)

D. L'impératif

Il existe deux impératifs : **l'impératif affirmatif et la défense.**

a) L'impératif affirmatif
Les deux formes propres à l'impératif sont le tutoiement singulier (tú) et pluriel (vosotros).

• Le tutoiement singulier se forme à partir du présent de l'indicatif de la 2ᵉ personne du singulier : hablas. On enlève le -s : ¡habla! (parle !)

• Le tutoiement pluriel se forme à partir de l'infinitif du verbe *hablar*. On enlève le -r et on le remplace par un –d.
hablar : ¡hablad! (parlez !)

• Les autres personnes sont empruntées au subjonctif présent.
➡ Usted **hable**, nosotros **hablemos**, ustedes **hablen**.

• Les formes irrégulières ne touchent que la 2ᵉ personne du singulier.

Decir : **di**	Ir : **ve**	Ser : **sé**
Haber : **he**	Hacer : **haz**	Poner : **pon**
Salir : **sal**	Tener : **ten**	Venir : **ven**

E. L'impératif de défense

L'impératif de défense se forme exclusivement à partir du subjonctif. Les formes verbales sont précédées de **no**.

Decir
(tú) no digas
(usted) no diga
(nosotros, nosotras) no digamos
(vosotros, vosotras) no digáis
(ustedes) no digan

F. Le passé composé

• Le passé composé se forme avec l'auxiliaire **Haber** au présent + le participe passé du verbe.

he has ha hemos habéis han	+ prepar**ado** (prepar**ar**) / com**ido** (com**er**) / **ido** (**ir**)

• Les participes passés irréguliers sont :
abrir : **abierto**
cubrir : **cubierto**
decir : **dicho**
escribir : **escrito**
hacer : **hecho**
morir : **muerto**
poner : **puesto**
romper : **roto**
resolver : **resuelto**
ver : **visto**
volver : **vuelto**

Attention !
a) À la différence du français, le passé composé ne s'emploie en espagnol que pour un fait en rapport avec le présent.
➡ De primero, ¿qué **has tomado**? Qu'as-tu pris en entrée ? Dans les autres cas, on emploiera le passé simple.
b) Il n'y a qu'un seul auxiliaire en espagnol, **haber**, qui traduit « être » et « avoir ».
c) Les participes passés ne s'accordent jamais. Ils sont invariables.
d) En espagnol, on ne sépare jamais l'auxiliaire du participe passé.
➡ He comido **mucho**. J'ai **beaucoup** mangé.

167

G. Le futur de l'indicatif

a) Les verbes réguliers
Le futur se forme avec l'infinitif + terminaisons : **-é, -ás, -á, -emos, -éis, -án**

Cantar	Comer	Vivir
cantar**é**	comer**é**	vivir**é**
cantar**ás**	comer**ás**	vivir**ás**
cantar**á**	comer**á**	vivir**á**
cantar**emos**	comer**emos**	vivir**emos**
cantar**éis**	comer**éis**	vivir**éis**
cantar**án**	comer**án**	vivir**án**

b) Les verbes irréguliers
Decir : di**ré**…
Haber (auxiliaire) : **habré**…
Hacer : **haré**…
Poder : **podré**…
Tener : **tendré**…
Poner : **pondré**…
Querer : **querré**…
Saber : **sabré**…
Salir : **saldré**…
Venir : **vendré**…

Attention !
Rappelez-vous que dans une proposition subordonnée temporelle qui commence par « quand » (**cuando**) ou « dés que » (**en cuanto**), le verbe sera au subjonctif présent.
➡ **Iré** *a la fiesta de la Tomatina cuando* **tenga** *vacaciones.* J'irai à la Tomatina quand j'aurai des vacances.

H. Le conditionnel présent

Il se forme à partir du futur + les terminaisons suivantes : **-ía, -ías, -ía, -íamos, -íais, -ían**

Hablar	Comer	Vivir
hablar**ía**	comer**ía**	vivir**ía**
hablar**ías**	comer**ías**	vivir**ías**
hablar**ía**	comer**ía**	vivir**ía**
hablar**íamos**	comer**íamos**	vivir**íamos**
Hablar**íais**	comer**íais**	vivir**íais**
hablar**ían**	comer**ían**	vivir**ían**

Poder : podré → podr**ía**
Tener : tendré → tendr**ía**

I. Le passé simple

a) Formation des verbes réguliers

• Verbes en -*ar* : radical + **-é, -aste, -ó, -amos, -asteis, -aron**

Hablar
habl**é**
habl**aste**
habl**ó**
habl**amos**
habl**asteis**
habl**aron**

Attention !
Les verbes réguliers du passé simple portent un accent à la première et à la troisième personne du singulier.

• Verbes réguliers en -*er* et -*ir* : radical + **-í, -iste, -ió, -imos, -isteis, -ieron**

Comer	Vivir
com**í**	viv**í**
com**iste**	viv**iste**
com**ió**	viv**ió**
com**imos**	viv**imos**
com**isteis**	viv**isteis**
com**ieron**	viv**ieron**

Les verbes monosyllabiques ne portent pas d'accent à la première et à la troisième personne du singulier comme les autres verbes au passé simple.
Ver : **vi, viste, vio, vimos, visteis, vieron**

• Les passés simples irréguliers sont :
Andar : **anduve…**
Estar : **estuve…**
Tener : **tuve…**
Hacer : **hice…** (Attention ! Le « c » devient « z » à la 3ᵉ personne du singulier : **hizo**)
Poder : **pude…**
Poner : **puse…**
Querer : **quise…**
Saber : **supe…**
Venir : **vine…**
Decir : **dije…**
Traer : **traje…**
Ir / Ser : **fui…**
Dar : **di…**
Haber (auxiliaire) : **Hube…**
➡ *No* **pude** *dejar de sentir alegría al oírlo.*

168

Memento grammatical

→ **Dijo** que la riqueza de nuestro país era el bosque.
→ Señor Ministro, le **dije** emocionada…

Le passé simple en espagnol s'emploie à l'oral dés qu'on veut parler d'un passé révolu et dont l'action est ponctuelle. Il remplace le passé composé en français.
→ Ayer me **compré** una camiseta. Hier, j'ai acheté un tee-shirt.

J. Le plus-que-parfait

Il se forme comme le passé composé (auxiliaire *Haber* + participe passé) mais au plus-que-parfait l'auxiliaire n'est pas au présent de l'indicatif mais à l'imparfait de l'indicatif :
He comido (passé composé). J'ai mangé.
Había comido (plus-que-parfait). J'avais mangé.

K. Le subjonctif imparfait

a) Formation
Il se construit à partir de la 3ᵉ personne du pluriel du passé simple : on remplace **-ron** par **-ra**. Cette règle est valable pour tous les verbes, réguliers et irréguliers.
Pedir : pidieron → *pidieran*

b) Emplois
On doit faire la concordance des temps qui est obligatoire en espagnol. On ne peut pas dire comme en français : « Je voulais (imparfait de l'indicatif) qu'il fasse (subjonctif présent) son travail. »
Donc, lorsque la principale est à un temps du passé (sauf au passé composé), on emploie le subjonctif imparfait :
Él **le aconsejó** (passé simple) **que** se **cuidara** (subjonctif imparfait) *y que no se* **levantara** (subjonctif imparfait).

33 La concordance des temps

En français, elle n'est plus employée que dans la langue très soutenue ou littéraire. En espagnol, en revanche, elle est appliquée strictement.

Si la proposition principale est à l'un de ces temps, la subordonnée est au subjonctif présent :
Présent → Le **pido** que te **acompañe**.
Impératif > **Pídele** que te **acompañe**.
Futur > Le **pediré** que te **acompañe**.
Passé composé > Le **he pedido** que te **acompañe**.

Si la proposition principale est à l'un de ces temps, la subordonnée est au subjonctif imparfait :
Imparfait > Le **pedía** que me **acompañara**.

Passé simple > Le **pedí** que me **acompañara**.
Conditionnel > Le **pediría** que me **acompañara**.
Plus-que-parfait > Le **había pedido** que me **acompañara**.

34 Les traductions de « on »

a) Se 3ᵉ personne du singulier
→ En España, **se comen** doce uvas en Nochevieja.
En el roscón de Reyes, **se esconde** una sorpresa.

b) 1ᵉ personne du pluriel
Si la personne fait partie de ce « on » on emploiera la première personne du pluriel.
→ ¿Qué **comemos** hoy?

c) 3ᵉ personne du pluriel
Si la personne qui parle ne fait pas partie de ce « on », on emploiera simplement le verbe à la 3ᵉ partie du pluriel. Ce « on » aura alors le sens de « les gens ».
→ **Dicen** que la película es muy buena.

d) Uno, una
Si la personne qui parle, se cache derrière le « on » on emploiera **uno** ou **una** selon si la personne est un homme ou une femme ou si le verbe est pronominal.
→ Cuando **uno lee** este texto, se da cuenta de que el autor se burla de los actores.
→ Cuando **una** se siente sola, se deprime.

35 Les verbes de demande

a) Le verbe preguntar
Le verbe **preguntar** suppose une question et permet de passer du style direct au style indirect.

b) Le verbe pedir
Suppose une demande et se traduit en espagnol par **pedir que** suivi du subjonctif. Il sera donc suivi d'un verbe au subjonctif.
→ **Pedí** a una periodista **que me prestara** un móvil.

Attention !
Il faut bien respecter la concordance des temps.
Le **pido** (présent de l'indicatif) que me **preste** (subjonctif présent) un móvil.
D'autres verbes de demande comme **prohibir** (interdire de), **decir** (dire de), **impedir** (empêcher de), **ordenar** (ordonner), **mandar** (ordonner de), **rogar** (prier de) se construisent de la même manière.

169

Conjugaisons

Infinitivo (infinitif)	Presente de indicativo (indicatif présent)		Presente de subjuntivo (subjonctif présent)		Imperativo (impératif)		Pretérito imperfecto de indicativo (indicatif imparfait)	

Verbes réguliers

Infinitivo	Presente de indicativo		Presente de subjuntivo		Imperativo		Pretérito imperfecto	
HABLAR parler	hablo	hablamos	hable	hablemos	habla	hablad	hablaba	hablábamos
	hablas	habláis	hables	habléis	hable	hablen	hablabas	hablabais
	habla	hablan	hable	hablen	hablemos		hablaba	hablaban
APRENDER apprendre	aprendo	aprendemos	aprenda	aprendamos	aprende	aprended	aprendía	aprendíamos
	aprendes	aprendéis	aprendas	aprendáis	aprenda	aprendan	aprendías	aprendíais
	aprende	aprenden	aprenda	aprendan	aprendamos		aprendía	aprendían
VIVIR vivre	vivo	vivimos	viva	vivamos	vive	vivid	vivía	vivíamos
	vives	vivís	vivas	viváis	viva	vivan	vivías	vivíais
	vive	viven	viva	vivan	vivamos		vivía	vivían

Verbes à diphtongue   e → ie   o → ue

Infinitivo	Presente de indicativo		Presente de subjuntivo		Imperativo		Pretérito imperfecto	
PENSAR penser	pienso	pensamos	piense	pensemos	piensa	pensad	pensaba	pensábamos
	piensas	pensáis	pienses	penséis	piense	piensen	pensabas	pensabais
	piensa	piensan	piense	piensen	pensemos		pensaba	pensaban
CONTAR raconter	cuento	contamos	cuente	contemos	cuenta	contad	contaba	contábamos
	cuentas	contáis	cuentes	contéis	cuente	cuenten	contabas	contabais
	cuenta	cuentan	cuente	cuenten	contemos		contaba	contaban

Verbes à affaiblissement   e → i

Infinitivo	Presente de indicativo		Presente de subjuntivo		Imperativo		Pretérito imperfecto	
PEDIR demander	pido	pedimos	pida	pidamos	pide	pedid	pedía	pedíamos
	pides	pedís	pidas	pidáis	pida	pidan	pedías	pedíais
	pide	piden	pida	pidan	pidamos		pedía	pedían
SERVIR servir	sirvo	servimos	sirva	sirvamos	sirve	servid	servía	servíamos
	sirves	servís	sirvas	sirváis	sirva	sirvan	servías	servíais
	sirve	sirven	sirva	sirvan	sirvamos		servía	servían

Se conjuguent sur le même modèle : CORREGIR, DESPEDIR, MEDIR, REÍR, REPETIR, SEGUIR.

Verbes à alternance   e → ie et i   o → ue et u

Infinitivo	Presente de indicativo		Presente de subjuntivo		Imperativo		Pretérito imperfecto	
PREFERIR préférer	prefiero	preferimos	prefiera	prefiramos	prefiere	preferid	prefería	preferíamos
	prefieres	preferís	prefieras	prefiráis	prefiera	prefieran	preferías	preferíais
	prefiere	prefieren	prefiera	prefieran	prefiramos		prefería	preferían
DORMIR dormir	duermo	dormimos	duerma	durmamos	duerme	dormid	dormía	dormíamos
	duermes	dormís	duermas	durmáis	duerma	duerman	dormías	dormíais
	duerme	duermen	duerma	duerman	durmamos		dormía	dormían

Se conjuguent sur le même modèle : DIVERTIR, MENTIR, SENTIR, SUGERIR.

Verbes en –acer / –ecer / –ocer / –ucir   c → zc

Infinitivo	Presente de indicativo		Presente de subjuntivo		Imperativo		Pretérito imperfecto	
PARECER paraître	parezco	parecemos	parezca	parezcamos	parece	pareced	parecía	parecíamos
	pareces	parecéis	parezcas	parezcáis	parezca	parezcan	parecías	parecíais
	parece	parecen	parezca	parezcan	parezcamos		parecía	parecían

Se conjuguent sur le même modèle : CONOCER, NACER, OBEDECER, PADECER, PERTENECER, RELUCIR.

Verbes en –ducir   c → zc   c → j

Infinitivo	Presente de indicativo		Presente de subjuntivo		Imperativo		Pretérito imperfecto	
CONDUCIR conduire	conduzco	conducimos	conduzca	conduzcamos	conduce	conducid	conducía	conducíamos
	conduces	conducís	conduzcas	conduzcáis	conduzca	conduzcan	conducías	conducíais
	conduce	conducen	conduzca	conduzcan	conduzcamos		conducía	conducían

Se conjuguent sur le même modèle : DEDUCIR, INTRODUCIR, PRODUCIR, TRADUCIR, SEDUCIR.

Verbes en –uir   i → y

Infinitivo	Presente de indicativo		Presente de subjuntivo		Imperativo		Pretérito imperfecto	
CONSTRUIR	construyo	construimos	construya	construyamos	construye	construid	construía	construíamos
	construyes	construís	construyas	construyáis	construya	construyan	construías	construíais
	construye	construyen	construya	construyan	construyamos		construía	construían

Se conjuguent sur le même modèle : CONCLUIR, CONSTITUIR, CONTRIBUIR, HUIR, INFLUIR, SUSTITUIR.

Conjugaisons

Pretérito perfecto (passé composé)		Pretérito indefinido (passé simple)		Futuro (futur)		Condicional (conditionnel)		Gerundio - Participio pasivo (participe passé)	
he hablado	hemos hablado	hablé	hablamos	hablaré	hablaremos	hablaría	hablaríamos	g.	hablando
has hablado	habéis hablado	hablaste	hablasteis	hablarás	hablaréis	hablarías	hablaríais	p. p.	hablado
ha hablado	han hablado	habló	hablaron	hablará	hablarán	hablaría	hablarían		
he aprendido	hemos aprendido	aprendí	aprendimos	aprenderé	aprenderemos	aprendería	aprenderíamos	g.	aprendiendo
has aprendido	habéis aprendido	aprendiste	aprendisteis	aprenderás	aprenderéis	aprenderías	aprenderíais	p. p.	aprendido
ha aprendido	han aprendido	aprendió	aprendieron	aprenderá	aprenderán	aprendería	aprenderían		
he vivido	hemos vivido	viví	vivimos	viviré	viviremos	viviría	viviríamos	g.	viviendo
has vivido	habéis vivido	viviste	vivisteis	vivirás	viviréis	vivirías	viviríais	p. p.	vivido
ha vivido	han vivido	vivió	vivieron	vivirá	vivirán	viviría	vivirían		

Pretérito perfecto		Pretérito indefinido		Futuro		Condicional		Gerundio - Participio	
he pensado	hemos pensado	pensé	pensamos	pensaré	pensaremos	pensaría	pensaríamos	g.	pensando
has pensado	habéis pensado	pensaste	pensasteis	pensarás	pensaréis	pensarías	pensaríais	p. p.	pensado
ha pensado	han pensado	pensó	pensaron	pensará	pensarán	pensaría	pensarían		
he contado	hemos contado	conté	contamos	contaré	contaremos	contaría	contaríamos	g.	contando
has contado	habéis contado	contaste	contasteis	contarás	contaréis	contarías	contaríais	p. p.	contado
ha contado	han contado	contó	contaron	contará	contarán	contaría	contarían		

Pretérito perfecto		Pretérito indefinido		Futuro		Condicional		Gerundio - Participio	
he pedido	hemos pedido	pedí	pedimos	pediré	pediremos	pediría	pediríamos	g.	pidiendo
has pedido	habéis pedido	pediste	pedisteis	pedirás	pediréis	pedirías	pediríais	p. p.	pedido
ha pedido	han pedido	pidió	pidieron	pedirá	pedirán	pediría	pedirían		
he servido	hemos servido	serví	servimos	serviré	serviremos	serviría	serviríamos	g.	sirviendo
has servido	habéis servido	serviste	servisteis	servirás	serviréis	servirías	serviríais	p. p.	servido
ha servido	han servido	sirvió	sirvieron	servirá	servirán	serviría	servirían		

Se conjuguent sur le même modèle : CORREGIR, DESPEDIR, MEDIR, REÍR, REPETIR, SEGUIR.

Pretérito perfecto		Pretérito indefinido		Futuro		Condicional		Gerundio - Participio	
he preferido	hemos preferido	preferí	preferimos	preferiré	preferiremos	preferiría	preferiríamos	g.	prefiriendo
has preferido	habéis preferido	preferiste	preferisteis	preferirás	preferiréis	preferirías	preferiríais	p. p.	preferido
ha preferido	han preferido	prefirió	prefirieron	preferirá	preferirán	preferiría	preferirían		
he dormido	hemos dormido	dormí	dormimos	dormiré	dormiremos	dormiría	dormiríamos	g.	durmiendo
has dormido	habéis dormido	dormiste	dormisteis	dormirás	dormiréis	dormirías	dormiríais	p. p.	dormido
ha dormido	han dormido	durmió	durmieron	dormirá	dormirán	dormiría	dormirían		

Se conjuguent sur le même modèle : DIVERTIR, MENTIR, SENTIR, SUGERIR.

Pretérito perfecto		Pretérito indefinido		Futuro		Condicional		Gerundio - Participio	
he parecido	hemos parecido	parecí	parecimos	pareceré	pareceremos	parecería	pareceríamos	g.	pareciendo
has parecido	habéis parecido	pareciste	parecisteis	parecerás	pareceréis	parecerías	pareceríais	p. p.	parecido
ha parecido	han parecido	pareció	parecieron	parecerá	parecerán	parecería	parecerían		

Se conjuguent sur le même modèle : CONOCER, NACER, OBEDECER, PADECER, PERTENECER, RELUCIR.

Pretérito perfecto		Pretérito indefinido		Futuro		Condicional		Gerundio - Participio	
he conducido	hemos conducido	conduje	condujimos	conduciré	conduciremos	conduciría	conduciríamos	g.	conduciendo
has conducido	habéis conducido	condujiste	condujisteis	conducirás	conduciréis	conducirías	conduciríais	p. p.	conducido
ha conducido	han conducido	condujo	condujeron	conducirá	conducirán	conduciría	conducirían		

Se conjuguent sur le même modèle : DEDUCIR, INTRODUCIR, PRODUCIR, TRADUCIR, SEDUCIR.

Pretérito perfecto		Pretérito indefinido		Futuro		Condicional		Gerundio - Participio	
he construido	hemos construido	construí	construimos	construiré	construiremos	construiría	construiríamos	g.	construyendo
has construido	habéis construido	construiste	construisteis	construirás	construiréis	construirías	construiríais	p. p.	construido
ha construido	han construido	construyó	construyeron	construirá	construirán	construiría	construirían		

Se conjuguent sur le même modèle : CONCLUIR, CONSTITUIR, CONTRIBUIR, HUIR, INFLUIR, SUSTITUIR.

Infinitivo (infinitif)	Presente de indicativo (indicatif présent)		Presente de subjuntivo (subjonctif présent)		Imperativo (impératif)		Pretérito imperfecto de indicativo (indicatif imparfait)	

Verbes irréguliers

Infinitivo	Presente de indicativo		Presente de subjuntivo		Imperativo		Pretérito imperfecto de indicativo	
ANDAR *marcher*	ando	andamos	ande	andemos		andemos	andaba	andábamos
	andas	andáis	andes	andéis	anda	andad	andabas	andabais
	anda	andan	ande	anden	ande	anden	andaba	andaban
CAER *tomber*	caigo	caemos	caiga	caigamos		caigamos	caía	caíamos
	caes	caéis	caigas	caigáis	cae	caed	caías	caíais
	cae	caen	caiga	caigan	caiga	caigan	caía	caían
DAR *donner*	doy	damos	dé	demos		demos	daba	dábamos
	das	dais	des	deis	da	dad	dabas	dabais
	da	dan	dé	den	dé	den	daba	daban
DECIR *dire*	digo	decimos	diga	digamos		digamos	decía	decíamos
	dices	decís	digas	digáis	di	decid	decías	decíais
	dice	dicen	diga	digan	diga	digan	decía	decían
ESTAR *être*	estoy	estamos	esté	estemos		estemos	estaba	estábamos
	estás	estáis	estés	estéis	está	estad	estabas	estabais
	está	están	esté	estén	esté	estén	estaba	estaban
HABER *avoir*	he	hemos	haya	hayamos			había	habíamos
	has	habéis	hayas	hayáis			habías	habíais
	ha	han	haya	hayan			había	habían
HACER *faire*	hago	hacemos	haga	hagamos		hagamos	hacía	hacíamos
	haces	hacéis	hagas	hagáis	haz	haced	hacías	hacíais
	hace	hacen	haga	hagan	haga	hagan	hacía	hacían
IR *aller*	voy	vamos	vaya	vayamos		vayamos	iba	íbamos
	vas	vais	vayas	vayáis	ve	id	ibas	ibais
	va	van	vaya	vayan	vaya	vayan	iba	iban
OÍR *entendre*	oigo	oímos	oiga	oigamos		oigamos	oía	oíamos
	oyes	oís	oigas	oigáis	oye	oíd	oías	oíais
	oye	oyen	oiga	oigan	oiga	oigan	oía	oían
PODER *pouvoir*	puedo	podemos	pueda	podamos			podía	podíamos
	puedes	podéis	puedas	podáis			podías	podíais
	puede	pueden	pueda	puedan			podía	podían
PONER *mettre, poser*	pongo	ponemos	ponga	pongamos		pongamos	ponía	poníamos
	pones	ponéis	pongas	pongáis	pon	poned	ponías	poníais
	pone	ponen	ponga	pongan	ponga	pongan	ponía	ponían
QUERER *vouloir, aimer*	quiero	queremos	quiera	queramos		queramos	quería	queríamos
	quieres	queréis	quieras	queráis	quiere	quered	querías	queríais
	quiere	quieren	quiera	quieran	quiera	quieran	quería	querían
SABER *savoir*	sé	sabemos	sepa	sepamos		sepamos	sabía	sabíamos
	sabes	sabéis	sepas	sepáis	sabe	sabed	sabías	sabíais
	sabe	saben	sepa	sepan	sepa	sepan	sabía	sabían
SALIR *sortir*	salgo	salimos	salga	salgamos		salgamos	salía	salíamos
	sales	salís	salgas	salgáis	sal	salid	salías	salíais
	sale	salen	salga	salgan	salga	salgan	salía	salían
SER *être*	soy	somos	sea	seamos		seamos	era	éramos
	eres	sois	seas	seáis	sé	sed	eras	erais
	es	son	sea	sean	sea	sean	era	eran
TENER *avoir*	tengo	tenemos	tenga	tengamos		tengamos	tenía	teníamos
	tienes	tenéis	tengas	tengáis	ten	tened	tenías	teníais
	tiene	tienen	tenga	tengan	tenga	tengan	tenía	tenían
TRAER *apporter*	traigo	traemos	traiga	traigamos		traigamos	traía	traíamos
	traes	traéis	traigas	traigáis	trae	traed	traías	traíais
	trae	traen	traiga	traigan	traiga	traigan	traía	traían
VENIR *venir*	vengo	venimos	venga	vengamos		vengamos	venía	veníamos
	vienes	venís	vengas	vengáis	ven	venid	venías	veníais
	viene	vienen	venga	vengan	venga	vengan	venía	venían
VER *voir*	veo	vemos	vea	veamos		veamos	veía	veíamos
	ves	veis	veas	veáis	ve	ved	veías	veíais
	ve	ven	vea	vean	vea	vean	veía	veían

Conjugaisons

Pretérito perfecto (passé composé)		Pretérito indefinido (passé simple)		Futuro (futur)		Condicional (conditionnel)		Gerundio - Participio pasivo (participe passé)	
he andado	hemos andado	anduve	anduvimos	andaré	andaremos	andaría	andaríamos	g.	andando
has andado	habéis andado	anduviste	anduvisteis	andarás	andaréis	andarías	andaríais	p. p.	andado
ha andado	han andado	anduvo	anduvieron	andará	andarán	andaría	andarían		
he caído	hemos caído	caí	caímos	caeré	caeremos	caería	caeríamos	g.	cayendo
has caído	habéis caído	caíste	caísteis	caerás	caeréis	caerías	caeríais	p. p.	caído
ha caído	han caído	cayó	cayeron	caerá	caerán	caería	caerían		
he dado	hemos dado	di	dimos	daré	daremos	daría	daríamos	g.	dando
has dado	habéis dado	diste	disteis	darás	daréis	darías	daríais	p. p.	dado
ha dado	han dado	dio	dieron	dará	darán	daría	darían		
he dicho	hemos dicho	dije	dijimos	diré	diremos	diría	diríamos	g.	diciendo
has dicho	habéis dicho	dijiste	dijisteis	dirás	diréis	dirías	diríais	p. p.	dicho
ha dicho	han dicho	dijo	dijeron	dirá	dirán	diría	dirían		
he estado	hemos estado	estuve	estuvimos	estaré	estaremos	estaría	estaríamos	g.	estando
has estado	habéis estado	estuviste	estuvisteis	estarás	estaréis	estarías	estaríais	p. p.	estado
ha estado	han estado	estuvo	estuvieron	estará	estarán	estaría	estarían		
he habido	hemos habido	hube	hubimos	habré	habremos	habría	habríamos	g.	habiendo
has habido	habéis habido	hubiste	hubisteis	habrás	habréis	habrías	habríais	p. p.	habido
ha habido	ha habido	hubo	hubieron	habrá	habrán	habría	habrían		
he hecho	hemos hecho	hice	hicimos	haré	haremos	haría	haríamos	g.	haciendo
has hecho	habéis hecho	hiciste	hicisteis	harás	haréis	harías	haríais	p. p.	hecho
ha hecho	han hecho	hizo	hicieron	hará	harán	haría	harían		
he ido	hemos ido	fui	fuimos	iré	iremos	iría	iríamos	g.	yendo
has ido	habéis ido	fuiste	fuisteis	irás	iréis	irías	iríais	p. p.	ido
ha ido	han ido	fue	fueron	irá	irán	iría	irían		
he oído	hemos oído	oí	oímos	oiré	oiremos	oiría	oiríamos	g.	oyendo
has oído	habéis oído	oíste	oísteis	oirás	oiréis	oirías	oiríais	p. p.	oído
ha oído	han oído	oyó	oyeron	oirá	oirán	oiría	oirían		
he podido	hemos podido	pude	pudimos	podré	podremos	podría	podríamos	g.	pudiendo
has podido	habéis podido	pudiste	pudisteis	podrás	podréis	podrías	podríais	p. p.	podido
ha podido	han podido	pudo	pudieron	podrá	podrán	podría	podrían		
he puesto	hemos puesto	puse	pusimos	pondré	pondremos	pondría	pondríamos	g.	poniendo
has puesto	habéis puesto	pusiste	pusisteis	pondrás	pondréis	pondrías	pondríais	p. p.	puesto
ha puesto	han puesto	puso	pusieron	pondrá	pondrán	pondría	pondrían		
he querido	hemos querido	quise	quisimos	querré	querremos	querría	querríamos	g.	queriendo
has querido	habéis querido	quisiste	quisisteis	querrás	querréis	querrías	querríais	p. p.	querido
ha querido	han querido	quiso	quisieron	querrá	querrán	querría	querrían		
he sabido	hemos sabido	supe	supimos	sabré	sabremos	sabría	sabríamos	g.	sabiendo
has sabido	habéis sabido	supiste	supisteis	sabrás	sabréis	sabrías	sabríais	p. p.	sabido
ha sabido	han sabido	supo	supieron	sabrá	sabrán	sabría	sabrían		
he salido	hemos salido	salí	salimos	saldré	saldremos	saldría	saldríamos	g.	saliendo
has salido	habéis salido	saliste	salisteis	saldrás	saldréis	saldrías	saldría	p. p.	salido
ha salido	han salido	salió	salieron	saldrá	saldrán	saldrías	saldrían		
he sido	hemos sido	fui	fuimos	seré	seremos	sería	seríamos	g.	siendo
has sido	habéis sido	fuiste	fuisteis	serás	seréis	serías	seríais	p. p.	sido
ha sido	han sido	fue	fueron	será	serán	sería	serían		
he tenido	hemos tenido	tuve	tuvimos	tendré	tendremos	tendría	tendríamos	g.	teniendo
has tenido	habéis tenido	tuviste	tuvisteis	tendrás	tendréis	tendrías	tendríais	p. p.	tenido
ha tenido	han tenido	tuvo	tuvieron	tendrá	tendrán	tendría	tendrían		
he traído	hemos traído	traje	trajimos	traeré	traeremos	traería	traeríamos	g.	trayendo
has traído	habéis traído	trajiste	trajisteis	traerás	traeréis	traerías	traeríais	p. p.	traído
ha traído	han traído	trajo	trajeron	traerá	traerán	traería	traerían		
he venido	hemos venido	vine	vinimos	vendré	vendremos	vendría	vendríamos	g.	viniendo
has venido	habéis venido	viniste	vinisteis	vendrás	vendréis	vendrías	vendríais	p. p.	venido
ha venido	han venido	vino	vinieron	vendrá	vendrán	vendría	vendrían		
he visto	hemos visto	vi	vimos	veré	veremos	vería	veríamos	g.	viendo
has visto	habéis visto	viste	visteis	verás	veréis	verías	veríais	p. p.	visto
ha visto	han visto	vio	vieron	verá	verán	vería	verían		

173

Comunidades autónomas de España

Relieve de España

América Latina

Crédits

Couverture : Ana de Castillo/Shutterstock – Alex Segra/Alamy – Alberto Carrera/Age Fotostock – Miguel Angel Pallardo del Rio/ Shutterstock – Robert Harding Picture Library/Age Fotostock – Patrick Escudero/Hemis.fr

p. 11 Shutterstock – **p. 12** www.agenciasinc.es – **p. 14** Instagram DR – **p. 15** (1) Shutterstock – (2) Shutterstock – (3) Shutterstock – **p. 16** Alex Segra/Alamy/Photo 12 – **p. 17** (1) Shutterstock – (2) Shutterstock – (3) Correos – (4) Shutterstock – **p. 18** (1) Shutterstock – (2) Shutterstock – (3) Shutterstock – (4) Shutterstock – (5) Shutterstock – (6) Shutterstock – **p. 20** (1) Shutterstock – (2) Shutterstock – (3) Shutterstock – (4) Shutterstock – (5) Shutterstock – **p. 22** Shutterstock – **p. 24** (1) Shutterstock – (2) Shutterstock – **p. 27** pinterest.com DR – **p. 32** Shutterstock – **p. 40** (1) Shutterstock – (2) Shutterstock – (3) Shutterstock – (4) © Descharnes Photo12 – **p. 42** Alamy/Photo 12 – **p. 44** (1) Shutterstock – (2) Shutterstock – **p. 45** (1) Shutterstock – (2) Fernando Frazao/Agencia Brasil – (3) Shutterstock – (4) Shutterstock – (5) Shutterstock – (6) Shutterstock – **p. 46** Featureflash Photo Agency/Shutterstock – **p. 48** JLOrtin/ Shutterstock – **p. 49** (1) Photo Adagp images © Estate of Alberto Korda/Adagp, Paris 2019 – (2) Autoportrait avec un collier de ronce et colibri huile sur toile, 1940. Harry Ransom Center, Texas (USA). FineArtImages/Leemage/Bridgeman images © 2019 Banco de México Diego Rivera Frida Kahlo Museums Trust, Mexico, D.F. / Adagp, Paris – (3) Denis Makarenko/Shutterstock – (4) Gabe Ginsberg / Getty Images North America / AFP Photo – **p. 50** Christian Bertrand/Shutterstock – **p. 52** © Sony Music – **p. 54** Shutterstock – **p. 56** (1) Shutterstock – (2) Shutterstock – (3) Shutterstock – **p. 59** (1) Shutterstock – (2) Shutterstock – (3) Shutterstock – (4) Shutterstock – **p. 60** Shutterstock – **p. 63** Syda Productions/Shutterstock – **p. 65** (1) Shutterstock – (2) Shutterstock – (3) Shutterstock – (4) Shutterstock – (5) Shutterstock – (6) Shutterstock – (7) Shutterstock – (8) Shutterstock – **p. 66** Shutterstock – **p. 72** Shutterstock – **p. 80** BIS/Ph. Oronoz ©Archives Larbor – Dolores Giraldez Alonso/Shutterstock © Jeff Koons – **p. 81** BIS/Ph. Oronoz ©Archives Larbor, Succession Picasso, Paris, 2019 – dmitro2009/Shutterstock – Taras Verkhovynets/Shutterstock – Anna Serrano/ hemis.fr – **p. 82** COLLECTION CHRISTOPHEL © Netflix – **p. 84** Archives du 7e Art/Esperanto Filmoj/Participant Media/Netflix/Photo 12 – Archives du 7e Art/Morena Films/Realizaciones Sol/Photo 12 – Archives du 7e Art/Vaca Films/Atresmedia Cine/La Ley del Plomo – Archives du 7e Art/Producciones Transatlanticas/Solita Films/Elamedia/Photo 12 – **p. 85** akg-images / Album/ Amblin ENT/ Universal Pictures – Film de Terry Gilliam, 2018 © Tornasol Films SA/Entre Chien et Loup – **p. 86** COLLECTION CHRISTOPHEL © Netflix / Legendary Television / Synthesis Entertainment – **p. 88** antena3.com – **p. 90** © Netflix – **p. 91** © Netflix – **p. 92** © Netflix – p. 93 domaine public – **p. 94** © Netflix – **p. 95** © Netflix – **p. 97** Archives du 7e Art/Atresmedia Cine/Nostromo Pictures/Photo 12 – **p. 98** Loida Sanchez Real/Shutterstock – **p. 100** (1) Travelerpix/Shutterstock – (2) Robert Sandu/Shutterstock – (3) LifeCollectionPhotography/Shutterstock – (4) Sabelnikova Olga/Shutterstock – **p. 101** Mila Demidova/Shutterstock – **p. 102** (1) missorla/Shutterstock – (2) Fidart/Shutterstock – (3) Zanna Art/Shutterstock – (4) 4zevar/Shutterstock – **p. 103** cristiano barni/Shutterstock – **p. 105** Shutterstock – **p. 106** S-F/Shutterstock – **p. 107** Andres Jabois/Shutterstock – **p. 108** Secretaria legal y técnica, Buenos Aires, Argentina – **p. 110** © Caja Madrid – **p. 111** © Gobierno de Navarra – **p. 113** © Ministerio de Educacion, Cultura y Deporte, 2018 – **p. 115** © Once – **p. 116** musica.elbierzodigital.com – © Netflix – **p. 117** © Marco Polo Constandse – **p. 118** gitanos.org – **p. 120** Morphart Creation/ Shutterstock – **p. 121** © Colección Carmen Thyssen-Bornemisza – **p. 124** José Luis Roca/AFP – **p. 126** (1) DR – (2) Patrick Bard/Signatures – **p. 127** (1) Patrick Bard/Signatures – (2) Age Photostock – **p. 128** Salvador Aznar/Shutterstock – **p. 132** (1) Wojciech Bobrowicz/Shutterstock – (2) cornfield/Shutterstock – (3) Jonatan Ricardi Joya/Shutterstock – **p. 133** Olaf Speier/Shutterstock – **p. 138-139** © www.pipperontour.com, Madrid, Spain – **p. 140** (1) Rose Carson/Shutterstock – (2) LevanteMedia/Shutterstock – (3) LevanteMedia/Shutterstock – (4) Marcos Mesa Sam Wordley/ Shutterstock (5) cunaplus/Shutterstock – **p. 141** (1) DR – (2) Rafa nadal Company – **p. 142** FP DUAL – **p. 143** FP DUAL – **p. 144** HD © EFE/SIPA – **p. 145** David Muñoz – **p. 146** © J. P. Gandul/EFE/SIPA – © Mariscal/EFE/SIPA – **p. 150** gitanos.org – **p. 151** La Voz

© Nathan 2019 – 25, avenue Pierre de Coubertin, 75013 Paris
ISBN : 978-2-09-165393-8

Coordination éditoriale : Christine Asin
Coordination artistique, graphisme et mise en page : Studio 65 Nord
Couverture : Vincent Rioult
Maquette et mise en page (p. 8 à 41 / p. 138 à 151) : Dany Mourain et Nadine Aymard
Iconographie : Nadine Gudimard
Fabrication : Christine Aubert

N° projet : 10252241 - Dépôt légal : juillet 2019
Achevé d'imprimer en Italie par L.E.G.O. S.p.A., Lavis (TN)